千年归隐者精神高地
步入庙堂的天人觉醒
超逸哲学，滋养华夏文明根脉

中国古代隐士

山野对坐
孤独和解

夏梓鄂 著

沈阳出版发行集团
沈阳出版社

图书在版编目（CIP）数据

中国古代隐士 / 夏梓郡著. -- 沈阳：沈阳出版社，2025.4. -- ISBN 978-7-5716-4869-5

Ⅰ . K820.2-49

中国国家版本馆 CIP 数据核字第 2025Y7T818 号

出版发行：	沈阳出版发行集团 | 沈阳出版社
	（地址：沈阳市沈河区南翰林路 10 号　邮编：110011）
网　　　址：	http://www.sycbs.com
印　　　刷：	三河市兴达印务有限公司
幅面尺寸：	170mm×240mm
印　　　张：	12
字　　　数：	164 千字
出版时间：	2025 年 4 月第 1 版
印刷时间：	2025 年 4 月第 1 次印刷
责任编辑：	王冬梅
封面设计：	鲍乾昊
版式设计：	雷　虎
责任校对：	张　磊
责任监印：	杨　旭
书　　　号：	ISBN 978-7-5716-4869-5
定　　　价：	49.80 元

联系电话：024-24112447

E - m a i l：sy24112447@163.com

本书若有印装质量问题，影响阅读，请与出版社联系调换。

写在前面的话

在浩瀚的中国历史长河中,隐士文化如同一股清流,源远流长,润物无声。他们或遁迹山林,或隐居市井,以超然物外之姿,书写着独特的人生篇章。本书收录了来自中国古代的25位隐士,他们各自以不同的方式,诠释了隐士的精髓与风骨。

上古时期的许由与巢父,他们拒绝尘世的荣禄,选择了与自然为伴,成为隐士文化的先声。紧接着,是商周之际的伯夷叔齐,他们以坚守道义为原则,不食周粟,饿死在首阳山,留下了千古佳话。

步入春秋战国,我们遇见了介子推,他忠孝两全,却选择隐逸山林;还有善卷,他以德让天下,甘愿居于陋巷。东汉的严光,他高风亮节,拒不接受光武帝的封赏,选择了渔樵江湖。同时期的梁鸿与妻孟光举案齐眉,共隐山林,传为佳话。

进入三国时期,诸葛亮虽以智者身份闻名于世,但他早年的隐居生活,同样是他人生不可或缺的一部分。他的《隆中对》,便是在隐逸之中,对天下大势的深刻洞察。而司马徽,作为三国时期的隐士代表,他的才智与淡泊,同样为后世所传颂。

魏晋南北朝时期,阮籍、嵇康以"竹林七贤"之名,展现了隐士的洒脱与不羁。他们或饮酒作乐,或弹琴长啸,以独特的方式对抗着世俗的束缚。同为"竹林七贤"的向秀,虽与嵇康志趣相投,却在嵇康死后,选择了更加内敛的生活方式，隐居著述。而陶渊明，也在这个时期，以"采菊东篱下，悠然见南山"之境，成为隐士文化的代名词。他的《桃花源记》，更是为后人描绘了一个理想中的隐逸世界。陶弘景，身为"山中宰相"，虽身居山林，却心系天下。

隋唐时期，隐士文化继续发扬光大。寒山子以诗寄情，卢藏用以才显名，他们或隐于山林，或藏于市井，都以自己的方式诠释着隐士的情怀。张志和，则以"西塞山前白鹭飞"之句，留下了隐士生活的诗意画卷。而孟浩然，也在这个时代，以诗酒为伴，隐逸终身，他的诗句"故人具鸡黍，邀我至田家"，让人感受到了隐士生活的温馨与宁静。

宋代林逋，以梅为妻，以鹤为子，隐居西湖孤山，留下了"梅妻鹤子"

的佳话。邵雍，则以其深邃的易学造诣和淡泊的人生态度，隐居洛阳，安贫乐道，著书立说，成为宋代隐士文化的又一杰出代表。元时著名画家黄公望以画笔为媒，更是将隐士的淡泊与自然的壮美融为一体。

进入明代，文徵明以才学著称，却选择了隐居生活，他的诗词书画，无不透露出隐士的清雅与脱俗。

这25位隐士，他们各自以不同的方式，演绎了隐士的传奇。他们或高洁傲岸，或淡泊名利，或才华横溢，或智谋过人。他们的故事，如同一颗颗璀璨的星辰，照亮了中国历史的长空。让我们一同走进他们的世界，感受那份超然物外的宁静与淡泊，领略那份独属于隐士的风骨与情怀。

黄公望	林逋	王维	孟浩然	陶弘景	陶渊明
178 170	162 154	144 136	128 120	114 108	100 92
文徵明	邵雍	张志和	寒山子	卢藏用	谢灵运

目 录

巢父	善卷	介子推	梁鸿	诸葛亮	嵇康
2	14	30	52	68	84

许由	伯夷 叔齐	严光	司马徽	阮籍	向秀
8	22	36	60	76	—

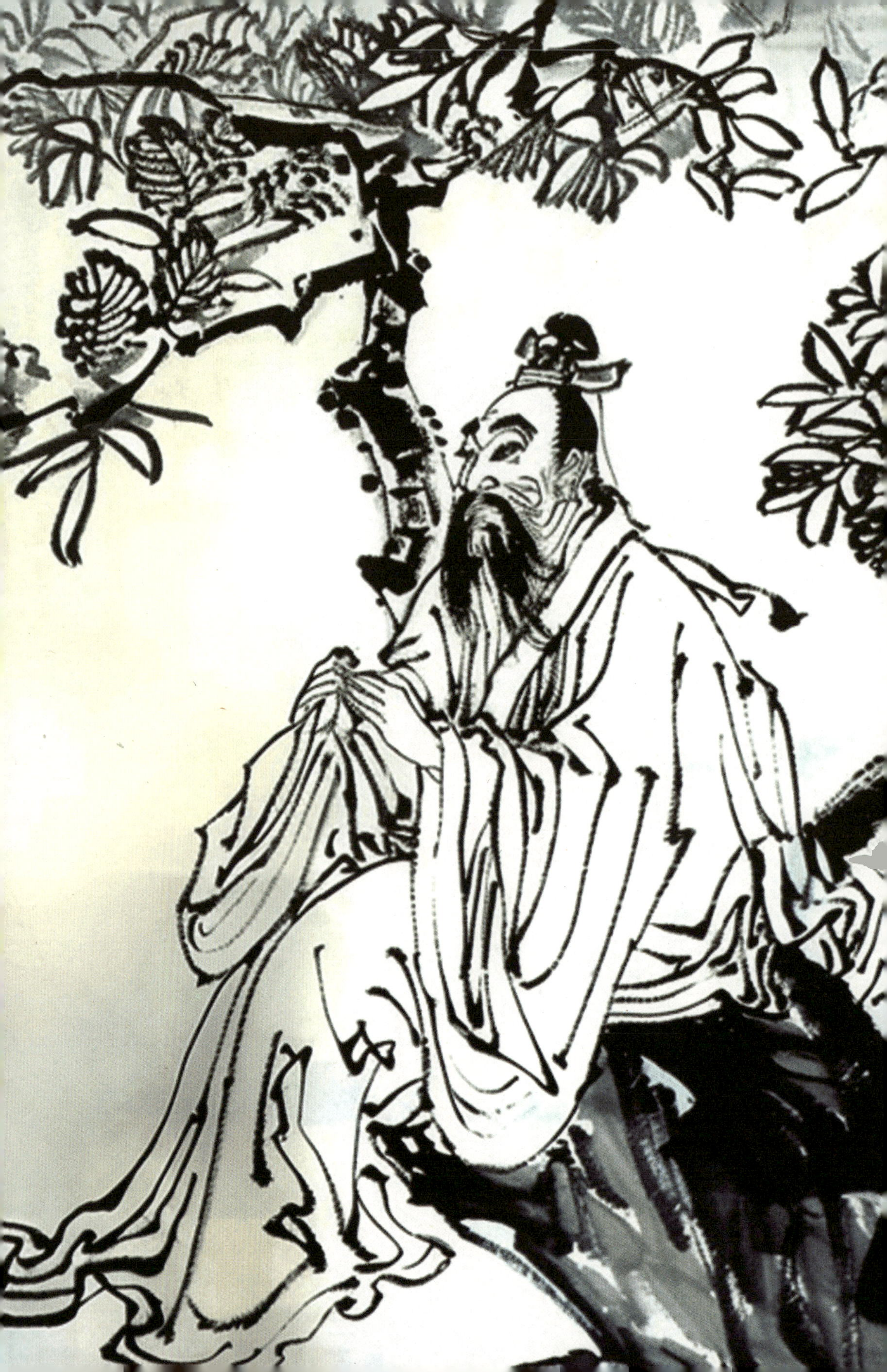

巢林独逸,齐名许由——巢父

他是隐逸之宗,以林为家,不问世事
他是高洁之士,拒绝尘嚣,独守清幽
他是逍遥之人,随波逐流,心自自在

少而颖悟

巢父，唐尧时期阳城（今山西洪洞）的大贤，他选择山居生活，不营求世俗之利。在那个上古时代，禽兽多而人民少，为了躲避野兽的侵袭，人们常在树上筑巢居住。巢父亦不例外，他在树上筑起简陋的巢穴，以此为家，过着与世无争的日子。传说帝尧曾以天下相让，但巢父淡泊名利，不肯接受这份厚重的馈赠。于是巢父以其高洁之志，成为后世隐逸之士的楷模。

泉石旧梦

饮犊上流

巢父选择隐居在聊城这片土地，以放牧为生，度过了他淡泊的一生。聊城之畔，有一座古老的巢陵，那便是巢父长眠之地，位于今聊城市东昌府区许营村的西北方向。昔日聊城县与博州治所曾设于此地，巢父的坟墓旁，传说是他昔日放牧的地方，这一景致被誉为聊城古八景之一的"巢父遗牧"。

与此同时，另一位隐士许由，他志在山林，心性高洁。当帝尧欲将天下让位于他时，许由深感耳朵受到了世俗的玷污，于是奔赴河边，以清水洗耳。而同样作为不慕荣华的隐士，巢父却连许由洗耳之水也视为浊流，不愿让自己的牛儿在其下游饮水，生怕那水沾染了世俗的尘埃。当时的两位隐士，以各自的方式，诠释了对名利的蔑视和对高洁风操的坚守。

高士双杰

巢父隐居在古老的聊城地域，他胸藏治国平天下的智慧，却选择躬耕田亩，放牧山林，隐姓埋名于世间。岁月流转，部落联盟的首领尧听闻其贤名，亲自前来，欲将天下大权相让。巢父面对无上的荣耀，却拒绝了尧的盛情邀请，坚守着自己的隐逸生活。

尧无奈之下，转而欲寻另一位贤士许由。许由与巢父情谊深厚，多年交好。巢父得知尧的意图后，急忙派人给许由传去消息："老友啊，你需速速隐匿身形，收敛锋芒，莫要让世俗的尘嚣扰乱了你的清心，否则，你我之间的友情恐将不复存焉。"言罢，巢父继续他的田园生活，而许由也依言而行，躲入了深山老林，两位隐士以各自的方式，守护着内心的那份宁静。

巢父画像

巢上高隐

巢父以他的行动诠释了隐士的真谛，他选择远离尘嚣，以放牧为伴，过着与世无争的生活。当世俗的荣耀与权力触手可及时，他却如清风拂面，不为所动。巢父以他的淡泊与坚守，成为后人心中那抹不可磨灭的隐士之光，照亮着追求心灵自由与超脱的道路。

德昭古今

子若处高岸深谷，谁能见之？子故浮游，欲闻求其名声，污吾犊口！

——皇甫谧《高士传》

【译】你若身处高岸深谷，谁能看得见你？你故意四处游荡，无非是想博取名声，想让别人听到你的事迹，这简直是玷污了我清白的名声！

尚想文王化，犹思巢父贤。

——薛据《初去郡斋书怀》

【译】我仍然怀念着文王的教化，也依然思念着巢父的贤德。

巢 父

未能方管乐，翻欲慕巢由。

——高适《奉酬睢阳李太守》

【译】我未能比得上管仲、乐毅那样的贤能之人，反而更想仰慕并效仿巢父、许由那样的隐士。

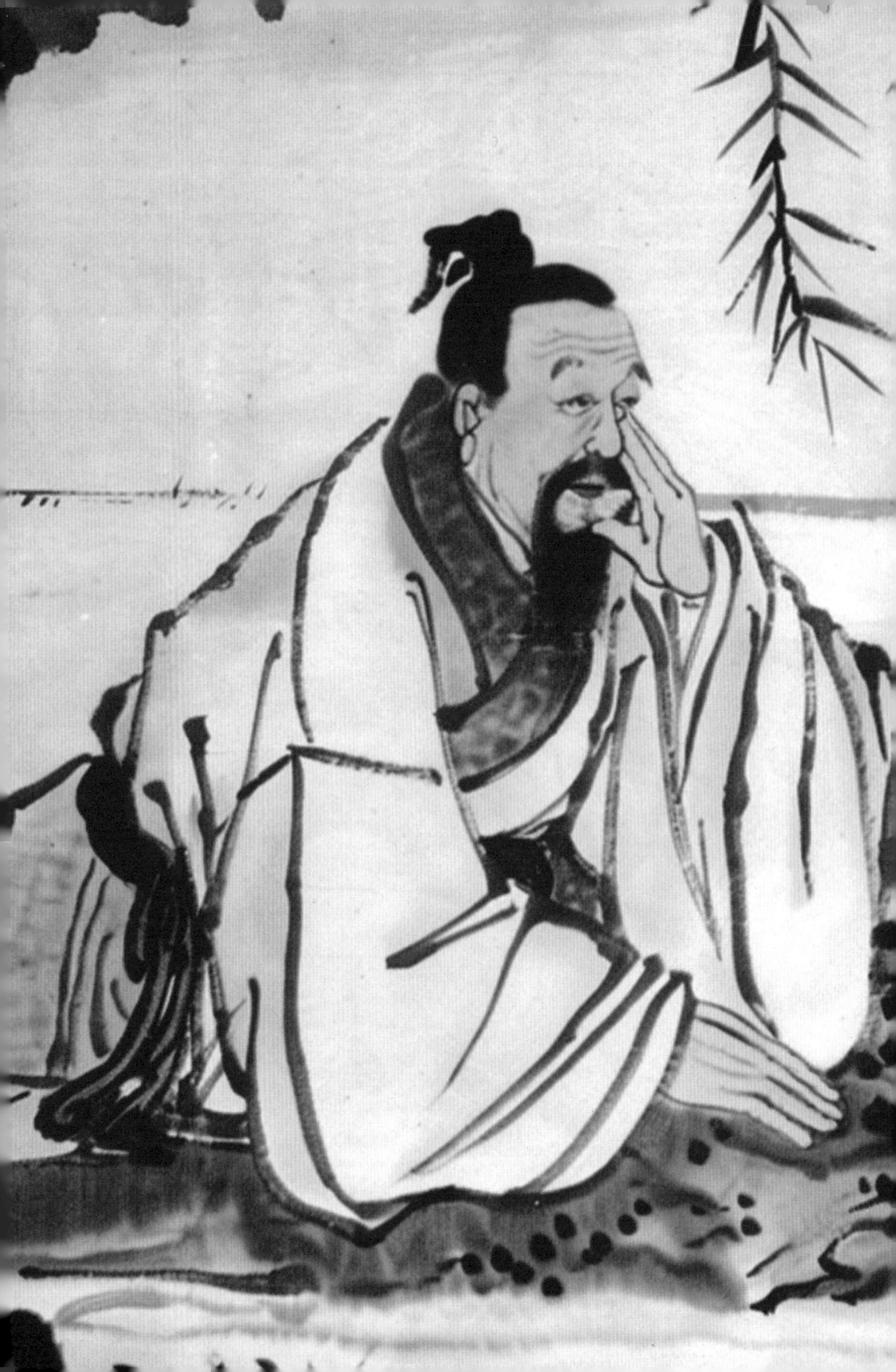

隐士鼻祖，颍水洗耳 ——许由

他是个选择归隐山林的逍遥之人

他是对名利毫无眷恋、心如止水的隐士鼻祖

他是面对权势的诱惑，毅然拒官的高洁之士

少而颖悟

许由（由又作繇），相传为尧时人，字武仲，阳城槐里（今河南登封）人，被尊为许姓始祖。自幼便躬耕于农田，不营求世俗之利，一心秉持道义，严守规矩。他生活简朴，邪膳不食，邪席不坐，夏日里便在树上筑巢而寝，冬日则挖地窖以居，以山果为食，以河水为饮，甚至饮水时也无怀器，只是手捧而饮。

泉石旧梦

拒尧禅位

远古时期，帝尧知晓许由贤德之名，彼时帝尧年事渐高，其子丹朱难堪重任，为天下百姓考量，帝尧有心将帝位禅让给许由。

当帝尧首次向许由提出禅让想法时，许由坚决推辞，他无意于权力，向往自由、亲近自然的生活。于是，他决然逃离繁华之地，前往箕山（今河南登封）脚下隐居，靠着农耕自给自足。而帝尧并未因许由的拒绝而放弃，他再次派使者前去邀请许由继承帝位。许由得知后，淡然说道："我一介匹夫，志向坚定如同磐石，采山果、饮河水，只为陶冶情操，并非为了禄位；我纵情于游闲之中，只求心安无惧，并非贪图天下。"

帝尧见许由心意坚决，便亲自登门劝说。可许由心意已决，对帝尧说道："我已年迈，所求不多，做个臣民自在些。"说罢，许由连夜逃至箕山，在颍水之畔开垦荒地，继续过着躬耕的生活。帝尧还是没有放弃，又派人恳请许由出任九州长官。许由对此十分厌烦，径直跑到颍水边，用手捧起清水洗耳，以此表明自己对世俗名利的厌恶。

许由画像

此后，许由彻底隐居深山，整日与山水相伴，不再过问世间之事，一生都不为名利所动。他去世后，葬于箕山之巅，成为后世隐士敬仰的楷模。

隐士之祖

许由面对帝尧的禅让，不为权势所惑，以一颗淡泊之心，坚守着自己的志向。采山果、饮河水，他的生活俭朴至极，却在这份俭朴中寻得了心灵的宁静与自足。当世俗的尘埃试图沾染他的衣襟，他以洗耳之举，昭示了对名利的决绝与不屑。许由选择的是一条少有人走的路，一条通往心灵深处自由与超脱的路。在深山之中，他与自然为伍，与日月为伴，他的身影虽已消逝，但他的精神却如同山间清风，永远吹拂着后世隐士的心田，成为隐士精神中一抹不可磨灭的亮色。

德昭古今

王之行能如许由乎？许由无天下之累，故不受也。

——刘向《战国策·赵策·郑同北见赵王》

【译】大王的行为能比得上许由吗？许由并没有被世俗的名利牵累，所以不接受尧的禅让。

夫许由小天下，而不以己易尧者，志遗于天下也。

——刘安《淮南子》

【译】许由把天下看得很小，并且不因为自己去替换尧，这是因为他的志向超越了天下。

余以所闻由，光义至高。

——司马迁《史记》

许　由

【译】根据我所听到的关于许由的事迹,他的品德光辉而正义,达到了极高的境界。

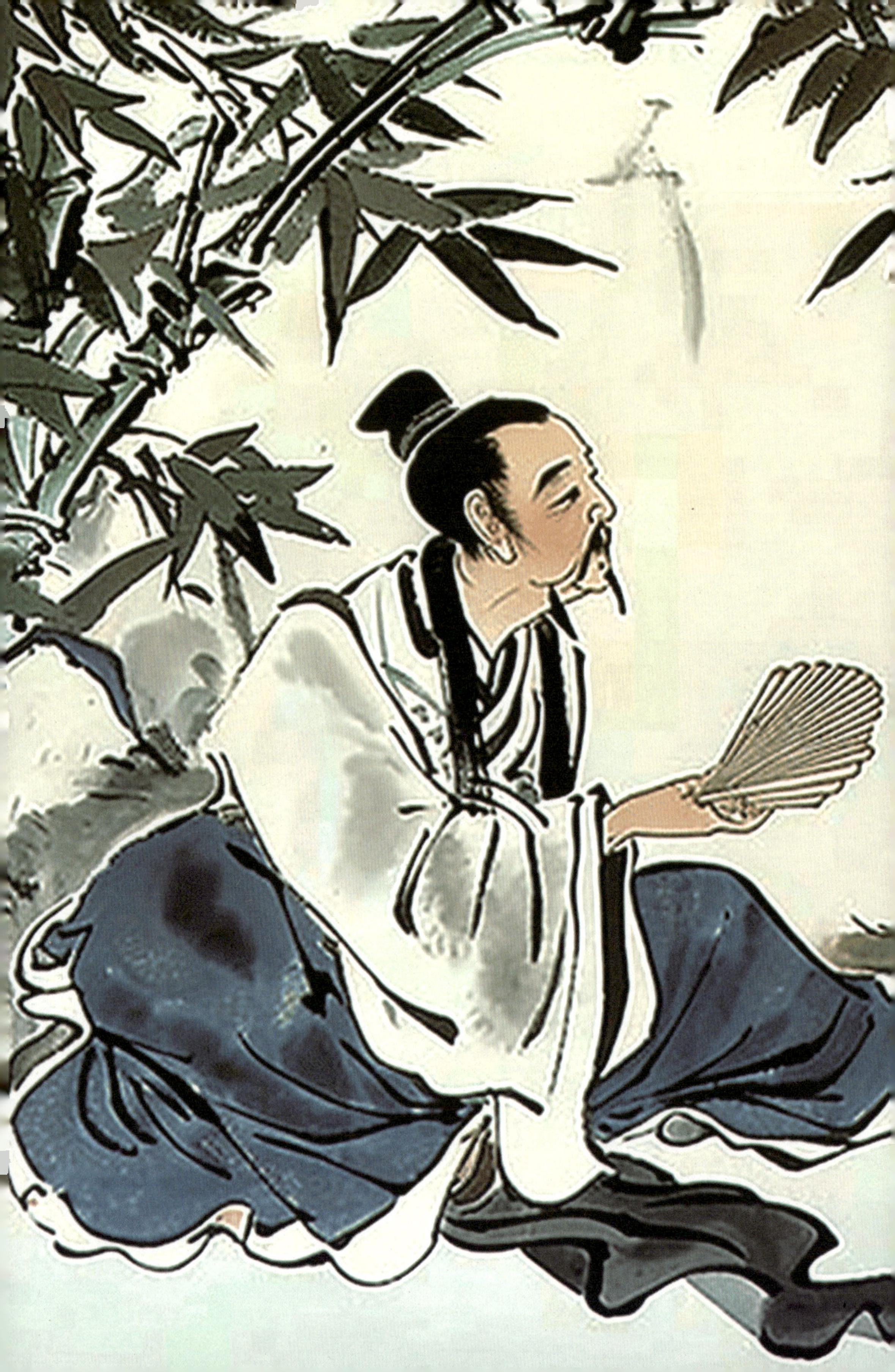

尧舜之师，隐逸高士
——善卷

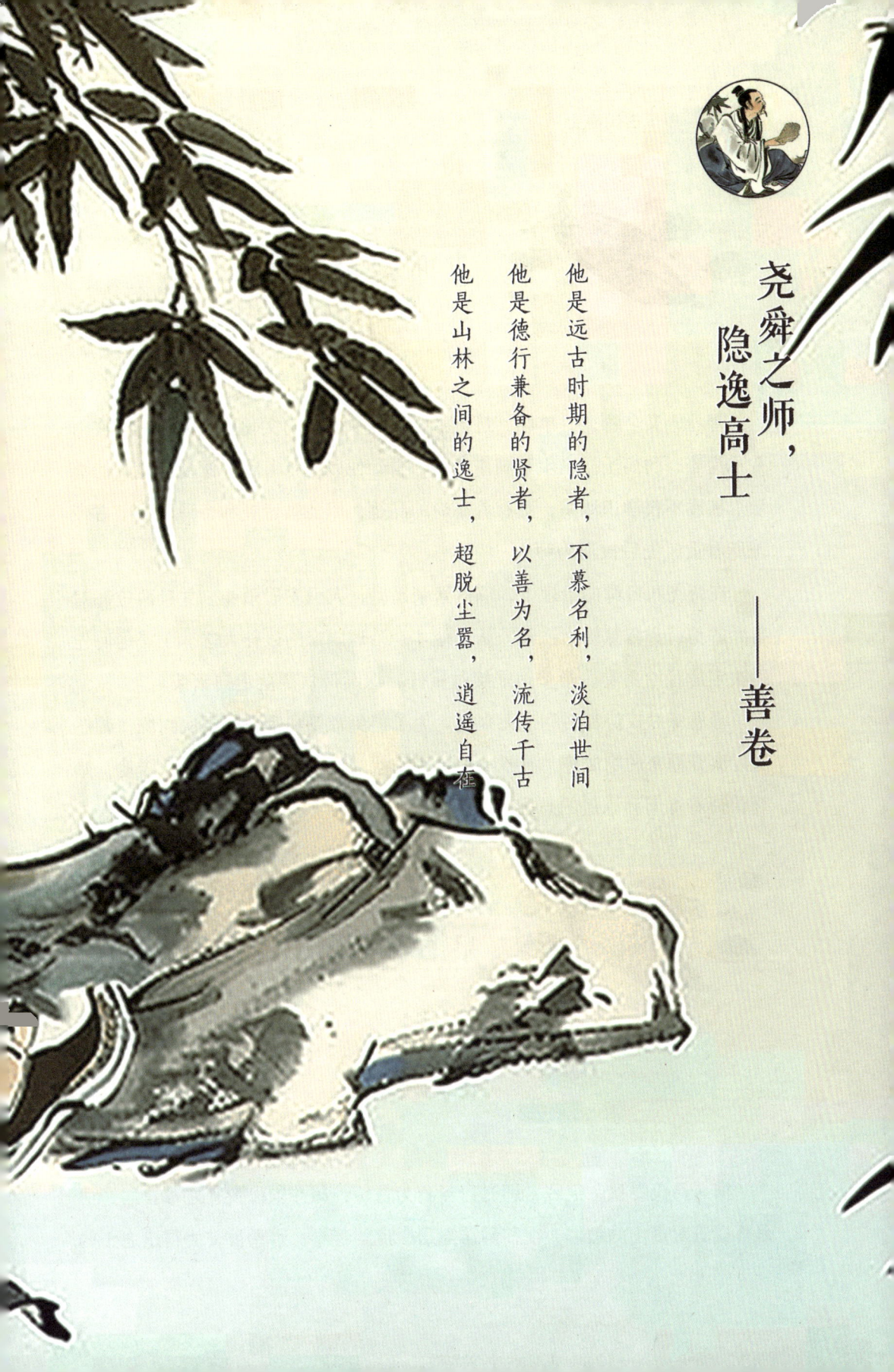

他是远古时期的隐者，不慕名利，淡泊世间
他是德行兼备的贤者，以善为名，流传千古
他是山林之间的逸士，超脱尘嚣，逍遥自在

少而颖悟

善卷，又名善绻、单卷，是上古时代的一位杰出文化代表人物，与许由并称为当时的高士。出生于湖南武陵，自幼便以德行著称，深受当地人的尊敬。善卷不仅学识渊博，更有着高尚的品德，因此被帝尧和帝舜两位上古帝王所看重，先后被邀为师。

在帝尧和帝舜的治理下，部落繁荣昌盛，人民安居乐业。并且两位都对善卷的德行和智慧极为钦佩，认为他才是治理国家的最佳人选。于是他们先后决定禅让给善卷，希望他能接过重任，继续带领部落走向繁荣。

善卷却对权势和名利毫无兴趣。为了避免帝尧和帝舜的再次纠缠，善卷决定离开原来的隐居地，寻找一个更为隐蔽的地方。他几次变换隐居地，始终保持着低调和谦逊的态度，不愿被世俗的纷乱所打扰。

泉石旧梦

尧舜拜师

据《吕氏春秋》记载，那时唐尧身为首领，却并未以帝王之尊自居，而是怀揣着对贤士的敬仰，前往拜访隐居于世的善卷。善卷被誉为得道之士的布衣，也并未因尧的尊贵身份而有所骄矜，反而以平和之态，坐北朝南，静候尧的到来。

尧带着一行大臣，步履虔诚，满是对善卷德行的钦佩。当大臣们对尧以帝王之尊向一介布衣行大礼表示不解时，尧却深知，善卷之贤，非权势所能衡量。他坦言，自己的品德行为、知识智慧，皆远不如善卷，因此愿以学生之礼，向这位得道贤士讨教。

尧与善卷促膝长谈，探讨治国之道，交流人生哲理。尧的谦恭与真诚，也赢得了善卷的尊重与赞赏。

善卷画像

另据《路史》记载，善卷不仅是尧的良师，后来也成了帝舜的导师。他的隐居之地，后世称为单父城，位于今日的郓城一带，成了后人缅怀这位上古高士的圣地。

两次禅让

两位远古时候的帝王，除了在认善卷为师之外，还都想过把帝位禅让给善卷，唐代诗人刘禹锡与蔡昆均以笔墨描绘了上古贤士善卷的高尚风骨。刘禹锡在《善卷坛下作》一诗中写道：

> 先生见尧心，相与去九有。
> 斯民既已治，我得安林薮。
> 道为自然贵，名是无穷寿。
> 瑶坛在此山，识者常回首。

诗中述说，帝尧曾有意将帝位禅让给善卷，但善卷以天下已大治为由，毅然选择了隐逸林薮，不愿涉足权势之争。因为他坚信道之自然为贵，名之无穷为寿，所以唐尧的禅让并没有成功。

而蔡昆在《善卷先生坛》一诗中也提及此事：

> 几到坛边登阁望，因思遗迹咏今朝。
> 当时为有重华出，不是先生傲帝尧。

诗中表明，善卷之未受帝尧禅让，并非傲视帝位，实因时有重华（虞舜）之贤，天下有托。这进一步证实了帝尧禅让之举的真实存在，非仅虚言。

不止唐尧想要把天下禅让给善卷，舜同样有这个想法，资料可以追溯至更早的《庄子》杂篇·让王第二十八，其中详细记载了虞舜与善卷的一段对话：

"舜以天下让善卷，善卷曰：'余立于宇宙之中，冬日衣皮毛，夏日衣葛絺。春耕种，形足以劳动；秋收敛，身足以休食。日出而作，日入而息，逍遥于天地之间而心意自得。吾何以天下为哉！悲夫，子之不知余也！'遂不受。于是去而入深山，莫知其处。"

文中说舜希望把天下禅让给善卷，但是善卷淡然笑之，言自己立于宇宙间，四季更迭，衣食自足，日出而作，日入而息，逍遥天地，心意自得。他坦言，治理天下非其所愿，悲叹虞舜之不解。于是，善卷决然离去，深入山林，踪迹难觅，只留下一段佳话，让后人传颂。

善 卷

布善德施

在常德、安化、益阳交界处的善溪山冲里，流传着一位姓善的长者的传奇故事。这位长者，年事已高，却精神矍铄，待人和气，谈吐间流露出不凡的气度。他带领一家人迁徙至此，选择在溪边搭建了几间简陋的茅屋，从此便在这里安顿下来。

长者勤劳异常，每天天未亮便起身，带领家人在山坡上开垦荒山，种植粟米、荞麦。在溪水边，他们造田引水，精心耕作，田土日渐增多。秋收时节，长者家的果蔬谷物丰收满满，而他却悄悄地将这些收成送给那些短缺食物的山民。山民们早晨醒来，发现家门口莫名多了一袋粮、一捆菜或一些瓜果，心中充满疑惑和感激。原来这都是长者的善举，他的善心如同春日暖阳，温暖了每一个人的心房。

次年，天逢大旱，溪水接近干涸，田里的禾苗眼看就要枯死。长者心急如焚，他带领一家人，在溪中筑起一道拦水坝，日夜蹲守，确保坝水不流失。当坝水引来时，长者却先灌溉了别人家的稻田，等下面的农田都过完水，禾苗救活了，他家的禾苗却枯死了一半。山民们看在眼里，疼在心里，纷纷感叹长者的无私与伟大。

冬天来临，一场大雪突然而至，封了山林。山民们本以为这是捕猎的好时机，纷纷摩拳擦掌，准备进山捕猎。然而，长者却劝阻了他们。他说："现在进山捕猎，大小野兽都会消灭干净，动物无法繁衍，今后就没有猎物可打了。我们应该先救这些动物一命，天人合一、万物共生，这是天地间的生存法则。"山民们听了长者的话，纷纷放下手中的猎具，转而帮助那些饥饿的野兽寻找食物。他们跟着长者，背着谷物，深一脚浅一脚地走到山中，在山坡上撒下谷物，救下了无数野兽的性命。

农闲时，长者的家成了冲里人的"学堂"。他坐在火堆旁，讲述着天时、农耕知识，传授着人勤则健的养生之道，以及以和为贵、和睦相处的为人之道。冲里的人们围坐在他身旁，听得津津有味，仿佛置身于一个知识的海洋。长者的家，成了冲里人最向往的地方。

然而，一日，冲里突然来了一队官兵，打破了往日的宁静。他们四处打听善卷的下落，原来长者便是那让帝位、布善德的善卷。山民们惊喜不已，纷纷带领官兵来到长者的茅屋。然而，当他们赶到时，却发现屋内已空空荡荡，不见一人。原来，长者闻讯后，已经悄然离去，只留下了那几间简陋的茅屋和山民们的无尽思念。为了纪念这位长者，山民们将他家旁边的溪流命名为"善溪"，将他家的茅屋改建成一座寺庙，供奉着他的雕像。寺庙几经改名，最终定名为"洪霓寺"。

才传尧舜

这位上古时代的隐士，以高洁之志和超脱之风，留下了千古传颂的佳话。在帝尧禅让的盛情面前，他淡然处之，不为权势所动，选择了隐逸林薮，坚守着自己对自然与逍遥的执着追求。他如冬日里的皮毛，夏日里的葛绤，顺应四季更迭，自足于衣食之间。春耕秋收，日出而作，日入而息，他的生活简单而纯粹，却充满了对天地万物的敬畏与热爱。

在虞舜的再次相让时，善卷更是以一番肺腑之言，道出了自己对权势的无视与对逍遥生活的向往。他悲叹世人不解其心，却更坚定了自己隐逸的决心，深入山林，踪迹难觅，只留下一片清风明月。

德昭古今

尧不以帝见善绻,北面而问焉。尧,天子也;善绻,布衣也。

——吕不韦《吕氏春秋》

【译】尧没有以天子的身份去看待善卷,而是面向北方(古人认为北方是卑下的方向)向他请教。尧是天子,而善卷只是平民百姓。

许由、善卷,非不能抚天下、宁海内,以德民也,然而羞以物滑和,故弗受也。

——刘安《淮南王》

【译】许由、善卷,并不是他们不能安抚天下、使海内安宁,用道德来教化百姓,然而他们羞于让世俗的财物玷污了自己的和谐心境,所以不愿意接受。

践先生之遗迹,颂先生之高风,贪者廉,懦者立,盖自勋华以及于今日矣!

——刘禹锡《善卷祠堂记》

【译】追寻先生的足迹,颂扬先生的高尚品德,贪婪的人因此变得廉洁,懦弱的人因此变得坚强,这种影响大概从古代的勋华一直延续到今天啊!

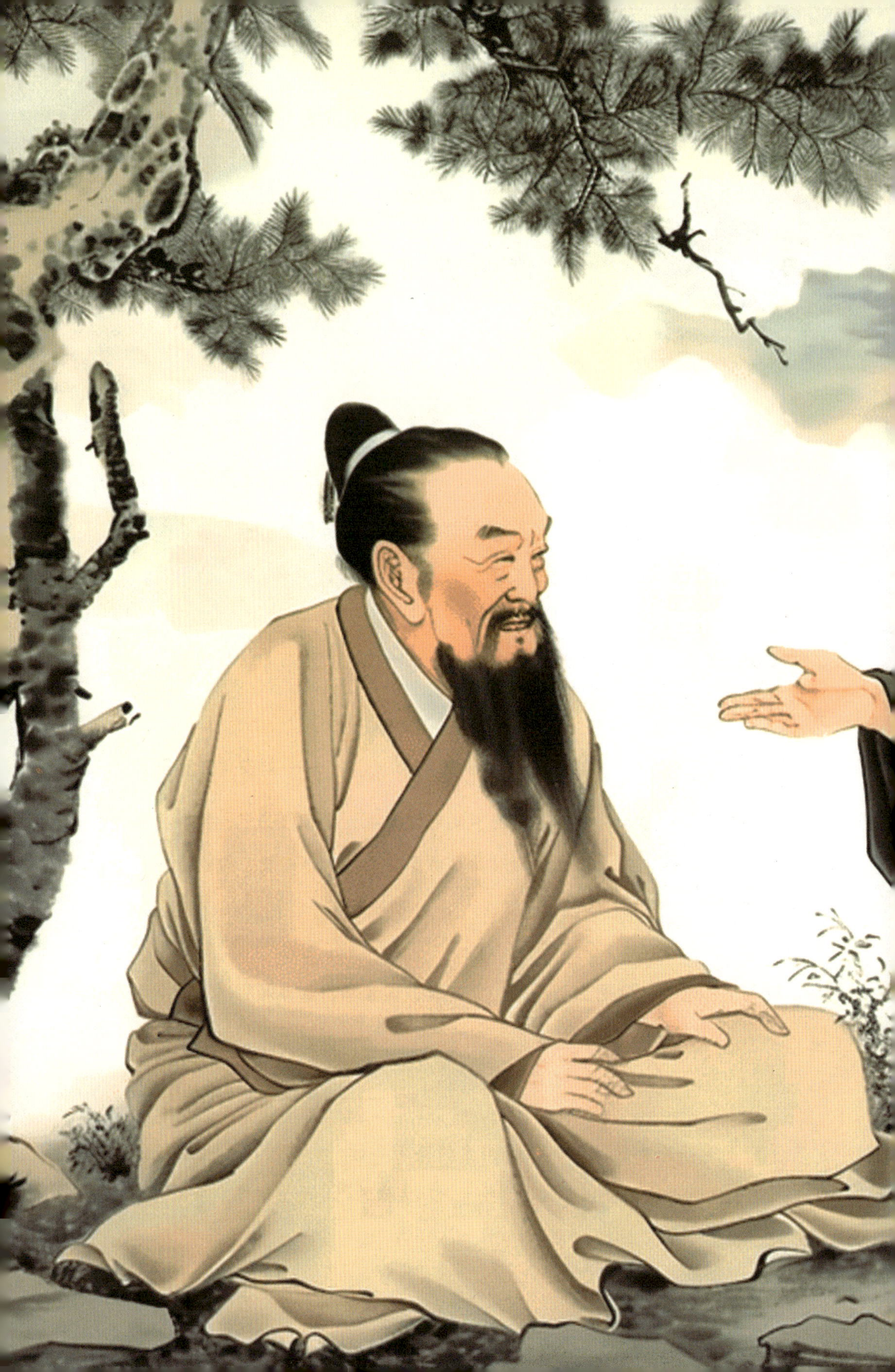

不食周粟，饿死首阳
——伯夷、叔齐

他们是商末的孤忠，坚守着对旧朝的忠诚

他们是首阳的隐士，以野菜为食，不屈不挠

他们是道德的丰碑，用生命诠释了忠贞与气节

中国古代隐士

少而颖悟

伯夷与叔齐是殷商末期孤竹国的两位王子，孤竹国是一个位于今河北卢龙至辽宁朝阳一带的小国，在商末的乱世中，显得尤为脆弱。伯夷与叔齐，作为孤竹国的两位王子，本应是继承王位、统领国家的候选人。但是他们的命运却因一次王位继承的纷争而发生了翻天覆地的变化。

泉石旧梦

两人让国

孤竹国国君墨胎氏育有三子，长子名允，字公信，后世尊称为伯夷；幼子名智，字公达，后人谥为叔齐；中间还有一子，虽在历史长河中名字或许不那么显赫，却也是这故事里不可或缺的一角。孤竹国君在世时，对幼子叔齐尤为钟爱，心中暗自盘算，欲将国君之位传于叔齐，以续孤竹之基业。

国君终是撒手人寰，留下了一片未竟之业和三个儿子。按照孤竹国的传统礼法，长子允理应继承父位，成为新一代国君。但是允却是个清廉自守之人，他知道父亲生前的遗愿，心中念及兄弟情谊与家国大义，放弃了君位，说道:"父亲之意,叔齐当立,我岂能违背?"言罢,他便收拾行囊,悄然离开了孤竹国,踏上了流亡之路。

国中群臣见状,纷纷议论,随即转而推举叔齐继位。叔齐闻讯,心中五味杂陈,他清楚长兄之德,更明礼制之重,便对众人道:"长兄让位,我若接受,便是对兄弟不义,对礼制不尊。我亦不能违背本心,愿随长兄而去。"说罢,叔齐也离开了孤竹国,追寻长兄的足迹,一同流亡。

孤竹国内一片哗然,群臣无奈,只得转而立中子为君,以续国祚。而伯夷与叔齐,两位本应享有荣华富贵的王子,却选择了放弃一切,流落他乡。他们或穿行于山林之间,或栖身于荒野之地,以天地为庐,以草木为食,坚守着心中的信念与道义。

不食周粟

商纣王残暴统治的时期,伯夷和叔齐两位贤者选择了远离尘嚣,隐居在北海之滨,与东夷人共同生活,寻求一片宁静之地。日子一天天过去,他们听闻西方有一位伯主周文王,他的国家安定繁荣,生产发展迅速,百姓安居乐业。这消息如同春风一般,吹进了他们的心。

"我们应该从东夷回去了,"伯夷对叔齐说,"听说西伯的国内非常安定,很适合我们这样的老年人居住。"叔齐点头赞同,于是两人相约,踏上了前往周国的旅程。

当他们行至中途,却意外地遇见了周武王伐纣的大军。原来,周文王已经逝世,周武王怀着对父亲的敬仰和复仇的决心,用车拉着周文王的木主,奔袭商纣。

伯夷和叔齐看到这一幕,心中大失所望。

他们走到武王的大军前,叩马而谏:"父死不埋葬,就动起武来,这能算作孝吗？以臣子身份来讨伐君主，这能算作仁吗？"

他们的言辞恳切，却触怒了武王的卫兵。卫兵们拔出刀剑，欲要杀害他俩。

就在这千钧一发之际，军师姜尚出现了。他知道伯夷和叔齐是讲义气的人，连忙劝解说："这是两位贤者，不要杀害他们。"说罢，他亲自上前，将伯夷和叔齐扶走，避免了一场血光之灾。

伯夷、叔齐画像

但是伯夷和叔齐的心中却难以平静。他们目睹了周武王与商纣王在牧野的大战，血流成河，尸横遍野，连战场的杵都漂浮在血水中。最终，由于商纣王阵前的奴隶兵倒戈，周武王取得了决定性的胜利，灭掉了商朝，建立了新的王朝——周朝。这一年，是公元前1046年。

伯夷和叔齐对周武王的做法感到痛心疾首。他们认为，以暴制暴并非正道，发誓再不吃周朝的粮食。

可是，当时各地都已归属周朝，他们无处可去，只好相携着来到首阳山上，采薇菜为食。

伯夷、叔齐

在采薇菜的日子里，他们常常唱着歌，歌声中透露出对过往盛世的怀念和对现状的无奈："上那西山啊，采这薇菜。用那强暴的手段来改变强暴的局面，我真不理解这样做算是对呀。先帝神农啊，虞夏啊，那样的盛世，恐怕不会再有了。我们该去哪里呢，真可叹啊，我的生命就要结束了。"就这样，伯夷和叔齐在首阳山上度过了他们最后的时光。

这首歌中，充满了他们对旧国的怀念和对新朝的不满，他们的忠义和执着，在那个动荡的时代里显得格外突兀。

孔子后来提及伯夷、叔齐的事迹，并非仅仅为了讲述他们的故事，而是借此来彰显他们所秉持的忠、孝、义之道，同时也表达了对"不念旧恶，怨是用希"这种高度修养的赞同。

守道而死

在商纣王暴政的时代，伯夷与叔齐以他们的独特方式，在历史的画卷上留下了深刻的一笔。他们选择远离尘嚣，隐居于北海之滨，却心系天下的安宁与正义。

当听闻周文王治下的西方之地一片繁荣，他们心中燃起了归去的希望。然而面对武王的大军，他们没有选择沉默，而是挺身而出，以道义之名，直言不讳地指出武王之举有违孝仁。

牧野之战的惨烈，让他们对武力改变的方式深感痛心。周朝的建立，对他们而言，并没有带来喜悦，反而让他们对过往的理想国度充满了怀念。他们发誓不食周粟,这份决绝与坚守,让我们看到了隐士对信念的执着与对世俗的抗争。

伯夷与叔齐的事迹,不仅是对隐士精神的传承,更是对人文情怀的彰显。他们坚守信念,不随波逐流;他们勇于担当,不畏强权,他们的精神成为隐士精神的永恒赞歌。

德昭古今

行比伯夷,置以为像兮。

——屈原《九章·橘颂》

【译】品行可与伯夷相比,(人们)把他树为榜样啊。

古人云此水,一歃怀千金。试使夷齐饮,终当不易心。

——吴隐之《酌贪泉》

【译】古人曾说这泉水,喝一口就价值千金。假使让伯夷、叔齐来喝,他们也不会改变自己的节操。

商非不亡,夷齐自不食周粟。人臣自尽其心,岂论书与不书?

——文天祥《答元将》

【译】商朝并不是不能灭亡,但伯夷、叔齐就是不愿吃周朝的粮食。作

伯夷、叔齐

为臣子,他们只是尽了自己的忠心,哪里还用得着去问史书上是否记载他们的事迹呢?

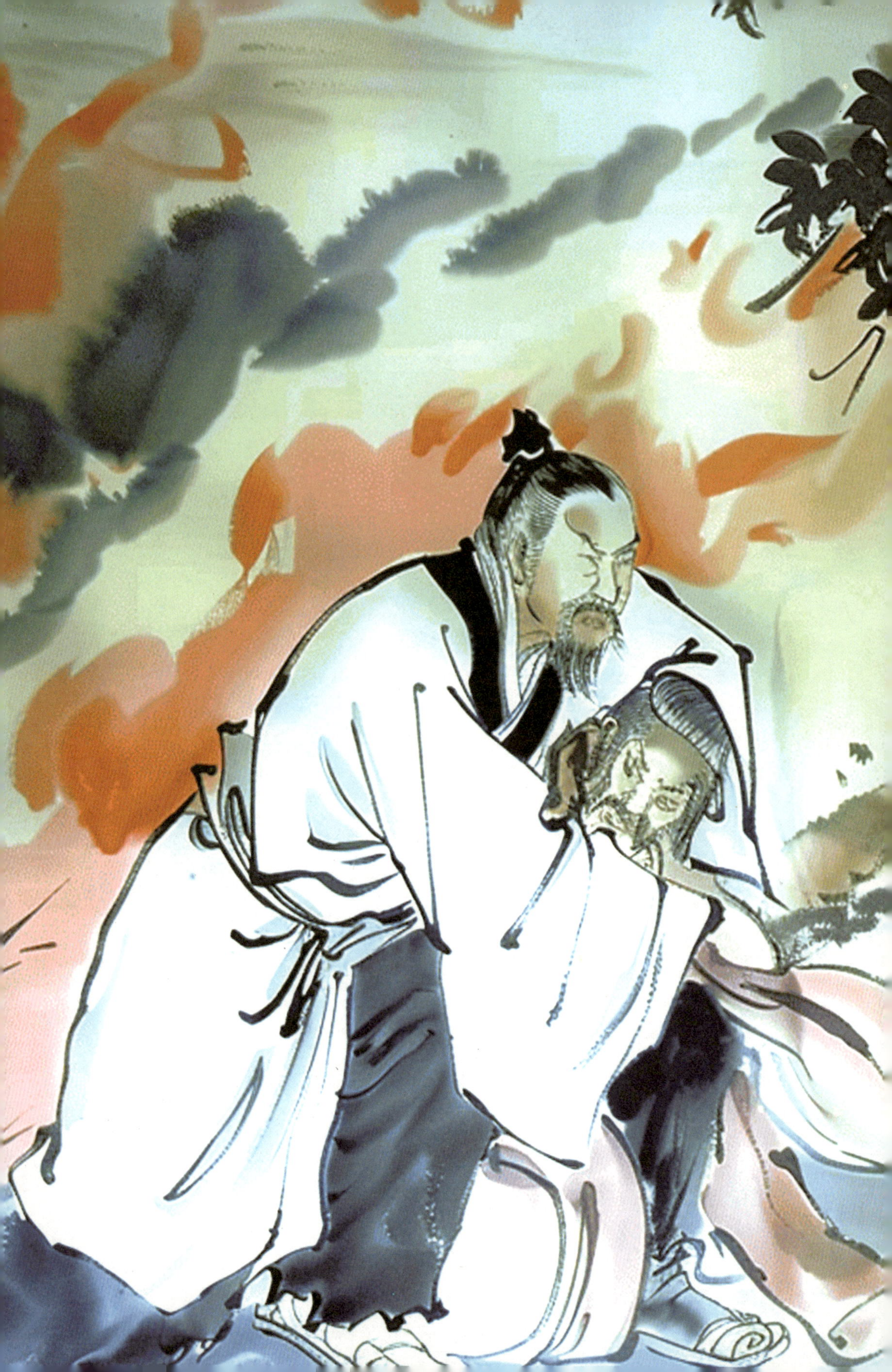

忠隐介子，削肉救主
——介子推

他是忠贞之士，不慕荣华，甘守清贫

他是隐逸之贤，不求闻达，匿于山林

他是义气之人，不顾生死，忠君赴难

少而颖悟

介子推是春秋时期晋国的一位忠贞之士。晋国发生内乱,晋献公宠妃骊姬欲废太子申生,改立其子奚齐为太子,公子重耳避难奔翟,身边随行贤士多人,介子推便是其中之一。

泉石旧梦

割股充饥

在早年,重耳因晋国内乱而踏上逃亡之路,先是遭到父亲献公的追杀,后又面临兄弟晋惠公的追捕,生活极为艰难,常常食不果腹,衣不蔽体。有一年,他逃至卫国,却不幸遭遇随从头须(也有说法称里凫须)的背叛,资粮被悉数偷走,头须则遁入深山。重耳一行人饥肠辘辘,只得向田间的农夫乞讨。然而农夫们非但没有施舍,反而以土块戏谑他们,重耳等人狼狈不堪。

在这绝境之中,介子推走进山沟,割下自己腿上的一块肉,再采来野菜,一同煮成汤给重耳充饥。重耳喝下这碗用介子推血肉做成的汤,心中无尽感激。他说若有朝一日能登上君王之位,定要好好报答介子推的这份恩情。

介子推

辞官不言禄

十九年的逃亡生涯结束后,重耳成了晋文公。彼时周室内乱,晋文公出兵勤王,却因事务繁忙,未能及时奖赏那些曾随他共患难的臣子。介子推便是其中之一,而他并未像壶叔那样主动请赏。在他看来,晋文公能够返国,实乃天意使然,自己忠君的行为是出于本心,无须奖赏,接受奖赏反而是一种耻辱。他直言不讳地指出,狐偃等人自恃有功,如同盗贼窃取他人财物一般,这让他难以与之共处。

介子推并非无视狐偃等人的夹辅之力,他只是对那种追逐荣华富贵的态度感到鄙夷。更让他气愤的是,一些并未跟随晋文公逃亡的人,如竖头须之辈,为了贪图小利,竟也厚着脸皮来请赏。介子推对此深感不满,他决定隐居绵山,成为一名不慕君禄的隐士,从此远离尘嚣,去过清贫而自在的生活。

介子推画像

抱树而死

介子推不愿接受晋文公的赏赐,邻居解张为介子推感到不平,夜深人静时,将一封书信挂在了城门上。

晋文公看到介子推的诗后,心中满是悔意,急忙派人去召介子推受封,却得知他已隐居绵山。晋文公亲自带领人马前往绵山寻找,那绵山山势险峻，林木茂密，找寻多日无果。晋文公心急如焚，听信了小人的建议，下令三面烧山。大火烧了整整三天三夜，却始终未见介子推的身影。

火灭之后，有人在一棵枯柳树下发现了介子推和他母亲的尸骨。晋文公悲痛欲绝，在介子推的尸体前痛哭祭拜，随后安葬了遗体。在介子推的脊梁处，人们发现了一个柳树树洞，洞里藏着一片衣襟，上面用血写着一首诗，表达了介子推的忠诚与无悔。

晋文公将一段烧焦的柳木带回宫中，做成了一双木屐，每日望着它哀叹不已，"悲哉足下"之声不绝于耳。从此，"足下"便成了下级对上级或同辈间相互尊敬的称呼。

到了公元前 635 年，晋文公率领群臣，身着素服，徒步登山祭奠介子推。当他们走到坟前时，发现那棵老柳树竟死而复生，绿枝摇曳，随风飘舞。晋文公望着这复活的老柳树，仿佛看到了介子推的身影。他恭敬地走到树前，珍爱地掐下一枝柳条，编成一个圈儿戴在了头上。

寒食忠君

介子推以龙喻君，以蛇比臣，赋诗明志，不慕荣华，不求显贵，只愿君心清明，国家安宁。面对晋文公的赏赐，却选择隐居，以行动诠释了"忠君非为赏，丹心自坦然"的高尚情操。

在绵山的深林密谷中，他选择了与世无争的生活，却未曾料到一场大火会将自己的生命永远定格在那片葱郁之中。他的尸骨虽被烈火吞噬，但他的精神却如同那棵死而复生的老柳树，顽强而坚韧，绿枝千条，随风飘舞，永远活在人们的心中。

　　介子推的一生，是淡泊名利的一生，是坚守信念的一生。不为世俗所累，不为名利所惑，只愿心中那份忠诚与清白，如同清明时节的柳枝，永远鲜绿、永远飘扬。

德昭古今

　　尤而效之，罪又甚焉。且出怨言，不食其食。

——左丘明《介子推不言禄》

　　【译】（既然）指责他们的过错却又去效仿他们，罪过就更重了。况且（你们）还发出怨言，（以后）不吃他们的粮食了。

　　士甘焚死不公侯，满眼蓬蒿共一丘。

——黄庭坚《清明》

　　【译】志士甘愿被焚死也不愿屈从而失去气节，最终与满眼的蓬蒿同埋在一座土丘里。

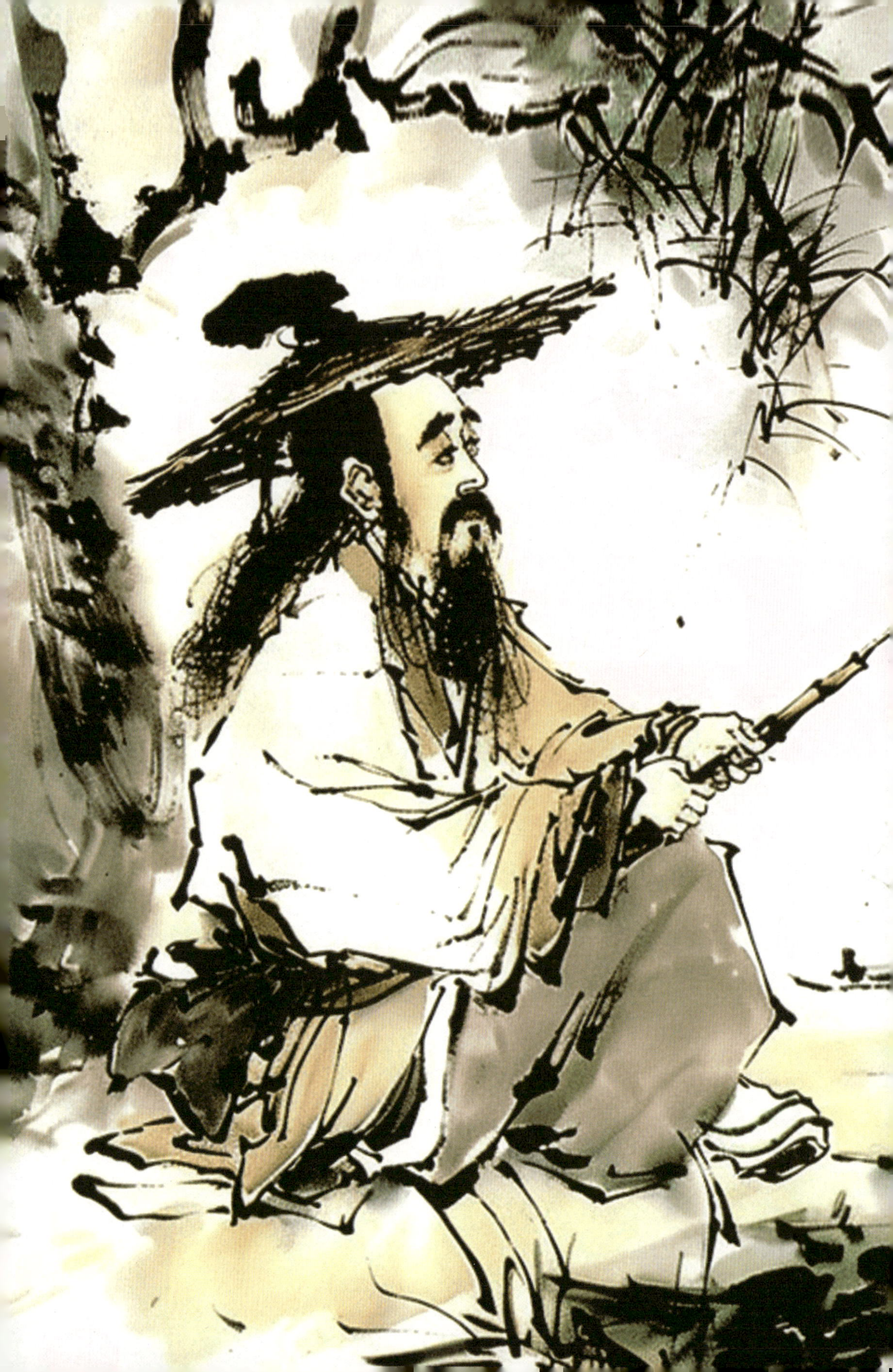

云山苍苍，江水泱泱 ——严光

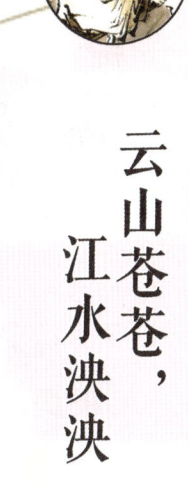

他是东汉高士，淡泊名利
他是志在山水的钓坛佳话
他是风骨长存的士人楷模

中国古代隐士

少而颖悟

严光，字子陵，生于东汉初年，是一位名副其实的隐士。严光年少时便聪慧过人，与光武帝刘秀同窗共读，结下了深厚的友谊。那时，他们一起谈经论史，畅谈天下大事，志向相投，情同手足。后来时局动荡，刘秀起兵反莽，最终登上皇位，成为中兴汉室的光武帝。而严光却从此选择了跟刘秀完全相反的道路。

泉石旧梦

首次隐居

建武元年，东汉王朝在刘秀的带领下崭露头角，而严光却选择隐姓埋名，他悄然来到了桐庐富春江畔，每日里以垂钓为伴，那处后来便成了闻名的桐庐严子陵钓台。

刘秀称帝后，心中常念及严光这位贤才，于是下令按照严光的形貌在全国范围内进行查访。不久，齐地传来消息，说有一位披着羊裘的老者在泽中垂钓，刘秀心中一动，猜想那就是严光。他立即遣使备下安车、玄𫄨，三次

严 光

聘请，严光才终于踏上了前往京都洛阳的路途。

在洛阳，司徒侯霸与严光本是旧识，他派人送信给严光，信使传达侯霸的心意："侯公听说先生到了，心急如焚，恨不能立即前来拜访。只是碍于朝廷制度，不便前来。他打算天黑后，亲自来向先生致歉。"严光听后，只是默默无言，将书简随手扔给了信使，口中缓缓道出："君房先生，你已位居三公，自是极好。以仁心辅仁，天下皆欢。但若阿谀奉承，看人脸色行事，恐有杀身之祸。"侯霸收到信后，细细读过，便封好呈给了刘秀。刘秀看后，笑着摇了摇头："这狂家伙，还是那副脾气。"

严光画像

当日，刘秀亲自来到严光居住的馆舍。只见严光正躺在床上，沉沉地睡着，刘秀也不恼，径直走进了他的卧室。他轻轻摸着严光的腹部，笑道："子陵啊子陵，你就不能帮我一把吗？"严光依旧睡着，不言不语。过了许久，他才缓缓睁开眼睛，看了刘秀好一会儿，才开口说道："昔日唐尧那样的圣德，巢父、许由听闻要授官尚且洗耳。读书人各有志向，何以非要强迫人做官呢？"刘秀叹了口气，说道："子陵，我竟然无法说服你。"说罢，他转身上了车，带着几分无奈与叹息，离开了馆舍。

隐居富春

后来刘秀再次邀请严光入宫,两人围坐一起,聊起了往昔的点点滴滴,那些年少时的趣事、同窗时的抱负,仿佛都历历在目。他们一谈就是好几天,气氛融洽而温馨。

刘秀闲来无事,随意地问严光:"我现在和过去比,怎么样?"严光想了想,回答道:"陛下比过去稍稍有点变化。"说完,两人便一同躺下休息。严光或许是真的太累了,很快就进入了梦乡,睡熟中竟不自觉地将脚压在了刘秀的肚子上。

第二天,太史匆匆来报,说是有客星冲犯了帝座,情势颇为严重。刘秀听后却哈哈大笑,说道:"哪有什么客星冲犯,不过是我的老朋友严子陵与我睡在一起罢了。"朝臣们闻言,皆松了一口气,心中对这位隐士也多了几分敬意。

随后,刘秀想授严光谏议大夫之职,但严光却坚决不肯接受。他心念的还是那富春山的山水,那耕读垂钓的生活。于是,他再次归隐富春山,每日里与山水为伴,过着悠闲自在的日子。后人为了纪念他,便把他垂钓的地方命名为严陵濑。

之后的建武十七年(41年),朝廷再次征召严光,但他依然不为所动,坚守着自己的隐逸之志。就这样,严光在富春山中度过了他的余生,直到八十岁时,在家中安然离世。

严 光

山高水长

在严光的一生中,他的性格与事迹如同一股清流,流淌在东汉的历史长河中,成为后世隐士心中的一盏明灯。他的隐逸之志,不仅体现在对名利的淡泊,更彰显在对自然与内心的坚守上。范仲淹在《严先生祠堂记》中说严光:

> 云山苍苍,江水泱泱,先生之风,山高水长。

正是对严光隐逸生活的生动描绘。这句诗不仅展现了严光所生活的自然环境之美,更寓意着他那如山川般巍峨、如江水般绵长的隐士风范。严光以他的行动,证明了人可以在喧嚣尘世之外,找到一片属于自己的宁静之地,与山水为伴,与内心对话,过着一种超脱世俗的生活。

而这短短十六字,便是对严光一生最好的诠释。"云山苍苍,江水泱泱",描绘的是严光所钟爱的自然景致,也是他心灵栖息的天地。在那富春江边,他选择了与山水为伴,远离尘嚣,过着耕读垂钓的简朴生活。"先生之风,山高水长",则是对他高洁人格与隐逸精神的赞美。

严光拒绝了刘秀的多次征召,坚守着自己的隐逸之路。他垂钓的不仅是鱼,更是那份对自由的向往和对内心的坚守。他的生活虽然清贫,但精神世界却异常丰富。他用自己的方式,诠释了什么是真正的隐士。在严光的身上,我们看到了隐士的坚韧与执着,也看到了人性中对自由与美好的无限向往。他的隐逸之路,虽然充满了艰辛与不易,但他却走得坚定而从容。

德昭古今

江海冥灭，山林长往。远性风疏，逸情云上。道就虚全，事违尘柱。

——范晔《后汉书》

【译】江海隐没于幽深之处，山林延绵至远方。远大的性情如风般超脱，飘逸的情怀如云般高远。大道在虚静中得以完全体现，世事却常因尘世纷扰而偏离正道。

不顾万乘主，不屈千户侯，手澄百金鱼，身被一羊裘。借问此何耳，心远忘九州。青山束寒滩，溅浪惊素鸥。以之为朋亲，安慕乘华辀。老氏轻璧马，庄生恶牺牛。终为蕴石玉，夐古辉岩陬。

——梅尧臣《咏严子陵》

【译】他不顾万乘之国的君主，不屈服于千户之侯的封赏，手里把玩着百条金鱼，身上披着一张羊皮裘。有人问他这是为什么，他说心已远去，忘却了九州。青山紧束着寒冷的河滩，激起的浪花惊飞了白色的鸥鸟。他以这些自然之物为朋友亲人，哪里还羡慕乘坐华丽的车辆？老子轻视璧玉和骏马，庄子厌恶用作祭品的牺牛。他最终像蕴藏在石头中的美玉，在久远的古代就闪耀着山岩角落的光辉。

与时偕行，未必合圣人之中道，而风节凛凛足以激颓波，厉污俗，此严

严 光

光、周党之徒，后世犹有取焉。

——钱时《两汉笔记》

【译】随着时代的变迁而有所变化，未必完全符合圣人的中庸之道，但他们那高风亮节、凛凛正气，却足以激荡起颓废的波澜，鞭策污浊的风俗。像严光、周党这样的人，后世仍然值得称颂和学习。

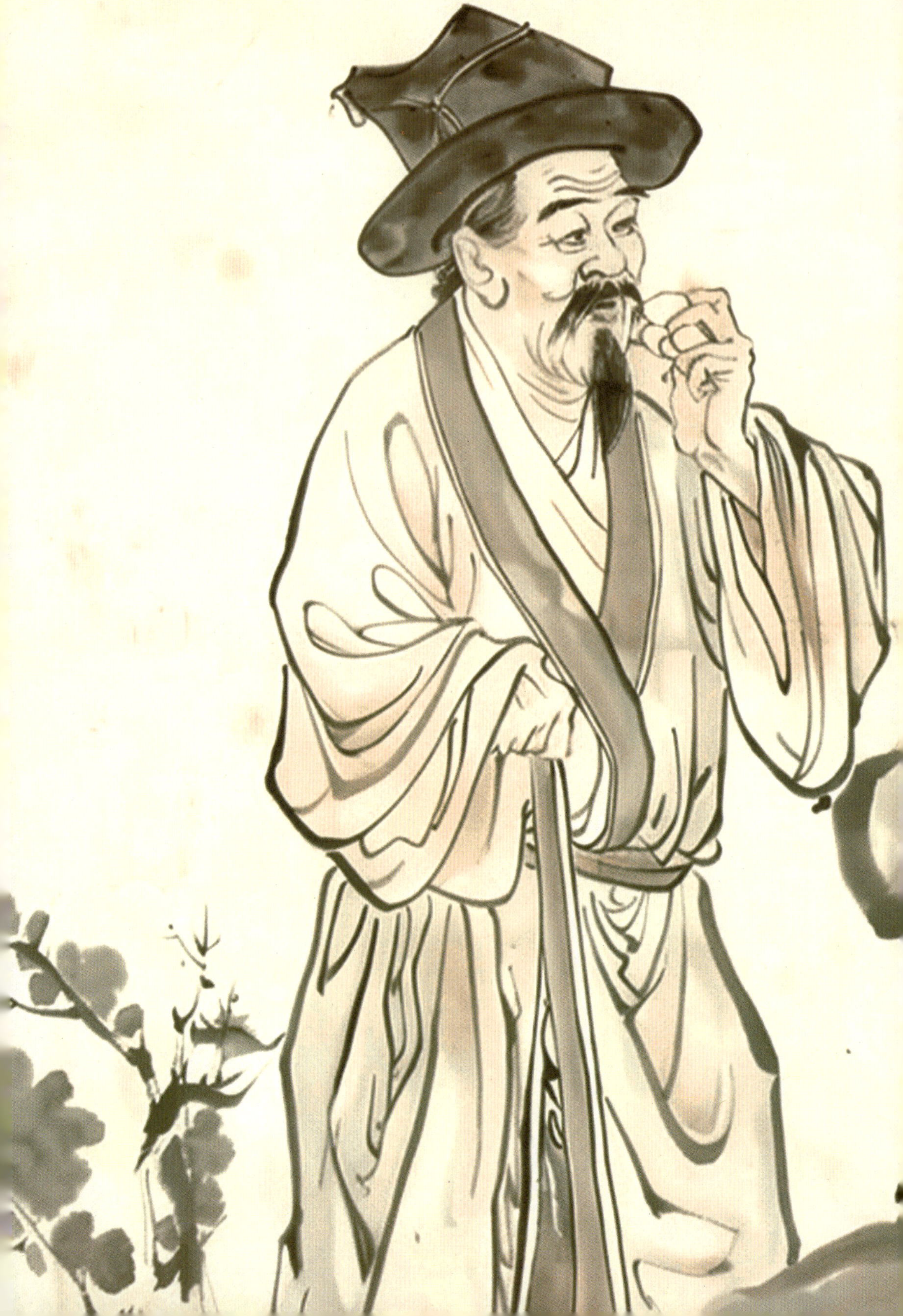

举案齐眉,隐逸高士
——梁鸿

他是东汉时期以高洁之志远离尘嚣的隐逸之士

他是《五噫歌》的作者,以诗抒怀讽喻时弊

他是孟光的夫君,举案齐眉,传为佳话

少而颖悟

梁鸿,字伯鸾,活跃在东汉初年。他的生卒年份已难以详考,但事迹如同他的品格一般,在历史的长河中生辉。梁鸿自幼家境贫寒,却聪颖好学,对儒家经典有着浓厚的兴趣,常常沉浸在书海之中,忘却了时间的流逝。

少年时期的梁鸿便以勤奋和聪慧著称。他不仅在学业上取得了优异的成绩,还常常帮助邻里乡亲解决各种问题。有一次他在田间劳作时,不慎将火种带入了附近的草丛,引发了小火。梁鸿主动找到了受损的农户,询问损失并把自己的猪都赔偿给了农户,农户觉得不够,梁鸿没有再多余的资产,就自己做工抵债。农户看他做工时候勤勉认真,被他感动,便不再让他做工,也归还了梁鸿的猪,而梁鸿觉得对不起对方,不接受农户归还自己的猪,就返回了自己的家乡,可以看出梁鸿在少年时就有着高洁的品行。

泉石旧梦

娶妻孟光

出生于光武年间的梁鸿,新朝各地方势力依然没有被彻底清除,并且氏族林立,虽然很有才华,却没有出仕之道,随着时间的推移,梁鸿对当

梁 鸿

时的社会与官场的腐败愈发不满。他选择了隐逸之路,以寻求内心的宁静与自由。

还没有隐居前的梁鸿,因为高尚的节操而闻名乡里,自然就受到了许多有权势家庭的青睐,他们都希望能将自己的女儿嫁给他。梁鸿都拒绝了这些提亲,因为他知道那些富家子弟是没办法跟他一起隐居的。

同县孟家女儿,身材肥胖,面貌也不出众,皮肤黝黑,但力大无穷,

梁鸿画像

能轻易举起沉重的石臼。虽然条件不出挑,却因心慕梁鸿那样的贤士,一直未曾婚嫁,直至年届三十。当父母问及原因时,她坦言只愿嫁给如梁鸿般品德高尚的人。

梁鸿听闻此事,觉得她与众不同,决定娶她为妻。孟光在婚前提出,她希望以简朴的布衣、麻鞋,以及织作筐、缉绩的工具作为嫁妆,这正好契合了梁鸿隐居避世的心愿。婚礼当天,孟光却身着华丽的衣裳,嫁到了梁鸿家中。

婚后梁鸿一连七日对孟光不理不睬,孟光心中疑惑,跪在床下请求梁鸿明示。梁鸿坦言,他所寻求的是能够与他一同隐居深山,共度简朴生活的伴侣,而非追求世俗繁华之人。孟光听后,笑着表示这只是为了试探梁鸿的志向,她其实早有准备隐居的衣物。于是,她换上粗布衣裳,挽起发髻,以简朴的姿态出现在梁鸿面前。梁鸿见状大喜,赞叹道:"这才是真正的梁鸿之妻,能够与我共度隐居生活!"他为她取名孟光,字德曜,两人从此开始了隐居的生活。

隐居之后的日子虽然清苦，但梁鸿与孟光却乐在其中。他们远离了世俗的喧嚣与纷争，沉浸在自然的怀抱中，体验着真正的隐逸生活。他们的日常充满了对自然的敬畏与热爱，以及对简朴生活的坚守与享受。

隐居霸陵

梁鸿在拒绝了乡里其他权势的求亲，并娶了孟光之后，霸陵山就成了两人的隐居之地，这里远离尘嚣，山清水秀。梁鸿之所以选择隐居，一方面是因为对当时社会动荡、官场腐败的深深失望，另一方面也是出于对内心宁静与自由的渴望。

在霸陵山中，梁鸿亲手搭建起一间简陋却温馨的茅屋，他聆听着山间的鸟语花香，心灵得到了前所未有的宁静与释放。在这里，他不再是那个被世俗束缚的文人，而是成了一个真正的自由者。

隐居期间，梁鸿也时常与当地百姓交流，分享自己的学识与见解，帮助他们解决生活中的难题。他的谦逊与博学赢得了乡亲们的尊敬与爱戴，许多人慕名而来，希望能在他的指导下学习文化知识，提升自己的修养。梁鸿总是耐心地教导他们，用自己的行动诠释了"独善其身，兼济天下"的崇高理念。

在隐居的日子里，梁鸿的创作也达到了巅峰。他笔下的诗篇与散文，既有对自然美

梁鸿画像

景的细腻描绘，也有对人生哲理的深刻探讨。这些作品不仅表达了他对自由与宁静的向往，更展现了他作为一位隐逸之士的超然与洒脱。

五噫之歌

随着梁鸿名气的增大，隐居在霸陵山的两人总是被人打扰，于是两人决定去到人烟更稀少的地方，关中就是他们选定的新的隐居地，他们东出潼关，在路过京城洛阳，看到城中的富丽巍峨的建筑，又想起这一路上见到生活艰难的百姓，心中充满了悲愤与无奈。于是他登上高山，俯瞰着脚下的芸芸众生，不禁感慨万千。挥笔写下了一首《五噫歌》，以诗抒怀，讽喻时弊。

歌中唱道："陟彼北芒兮，噫！顾瞻帝京兮，噫！宫阙崔嵬兮，噫！民之劬劳兮，噫！辽辽未央兮，噫！"

这五声"噫"字，既表达了梁鸿对当时社会现状的深深叹息与无奈，也体现了他对百姓疾苦的深切同情与关怀。这首歌很快便在民间传唱开来。

很快梁鸿的《五噫歌》也引起了朝廷的注意。皇帝认为这首歌是在讽刺自己，于是下令捉拿梁鸿。梁鸿得知消息后，不得不离开现在的隐居地，去往更加无人问津的角落。

这部作品，不仅是梁鸿个人情感的抒发，更是对东汉社会现实的深刻剖析与批判。《五噫歌》以其简洁而有力的语言，直击人心，表达了梁鸿对时弊的忧虑与愤慨，同时寄托了他对理想社会的向往。这首诗被视为研究东汉社会历史的重要文献之一，因其蕴含的思想深度也同样启发了后世学者对公正、自由、道德等社会基本价值的深入思考，为构建更加和谐、公正的社会提供了宝贵的思想资源。

更为难能可贵的是，一直隐居的梁鸿并未局限于其生活的时代，而是具有超越性的普遍价值。他提倡的简朴生活、独立思考、批判精神等，在现代社会中依然具有深远的启示意义。随着人们生活节奏的加快和社会压力的增大，梁鸿为寻求心灵慰藉、追求精神自由的人们提供了一盏明灯，指引着他们在纷扰的世界中找到内心的平静与坚守。

梁鸿的学术遗产不仅在于其留下的具体作品，更在于其思想对后世产生的深远影响。这种影响跨越了时间和空间的界限，成为连接古今、沟通心灵的桥梁，让人们在品味其思想的同时，也能反思自我、启迪智慧，共同探索更加美好的人生道路。

德昭古今

梁鸿德耀会稽日，宁知此中乐事多。

——李白《和卢侍御通塘曲》

【译】梁鸿和孟光（字德耀）在会稽的时候，哪里知道这里有这么多的乐事啊！

横截春流架断虹，凭栏犹思五噫风。今来未必非梁孟，却是无人断伯通。

——陆龟蒙《和袭美咏皋桥》

【译】横跨春日的河流，架起一道如断虹般的桥梁，我倚靠在栏杆上，

梁 鸿

心中仍然思念着那"五噫"之歌的风范。如今来到这里的人，未必不是像梁鸿和孟光那样的贤夫妇，只可惜没有人像汉代的伯通那样来赏识他们。

嗟乎！时运不齐，命途多舛。冯唐易老，李广难封。屈贾谊于长沙，非无圣主；窜梁鸿于海曲，岂乏明时？所赖君子见机，达人知命。

——王勃《滕王阁序》

【译】唉！时运不济，命运多舛。冯唐容易老去，李广难以封侯。贾谊被贬谪到长沙，并不是因为没有圣明的君主；梁鸿逃遁到海边，难道是因为缺乏清明的时代吗？所依靠的是君子能够察觉事物的先兆，通达的人能够了解自己的命运。

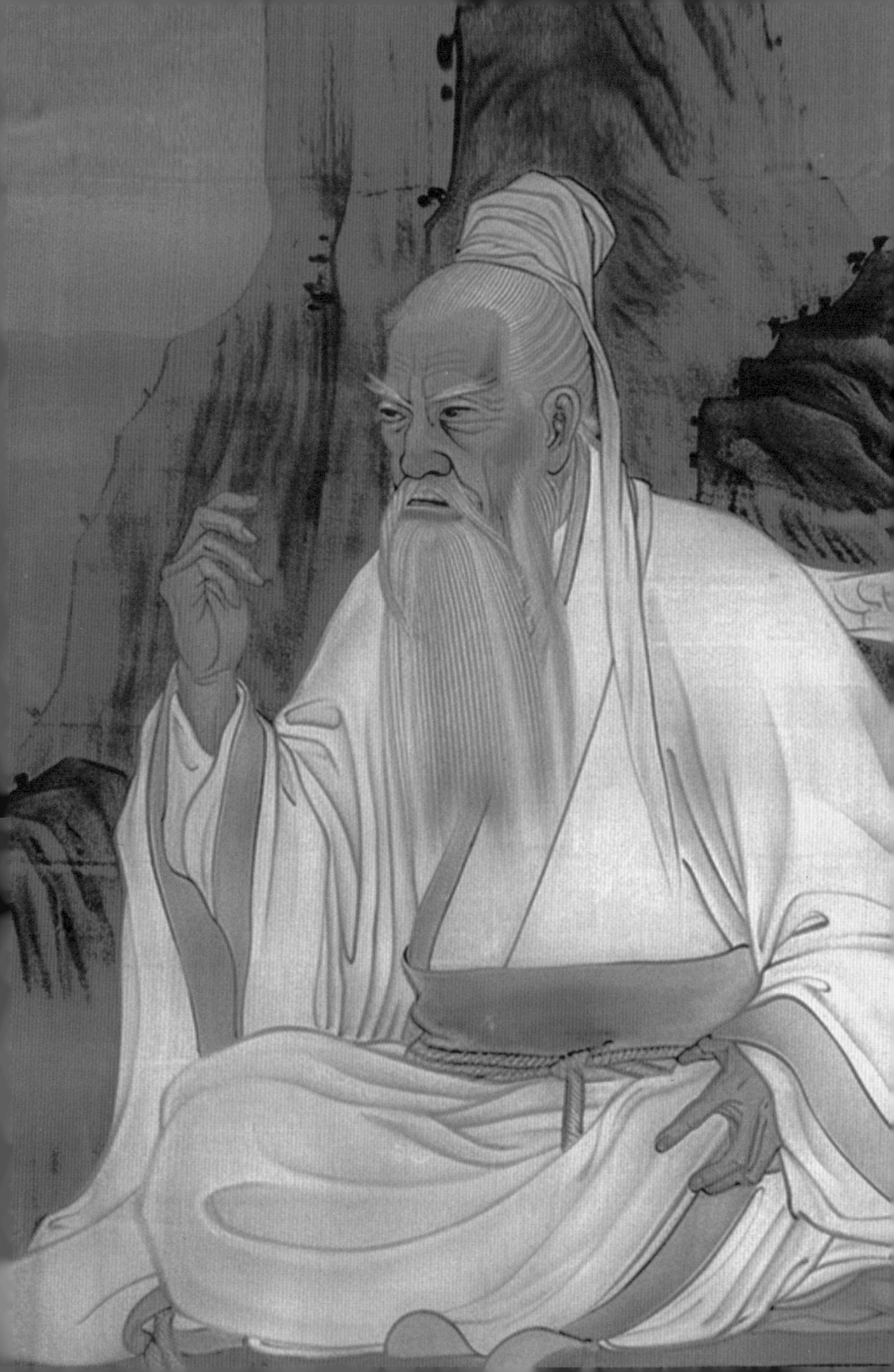

水镜先生，齐名龙凤

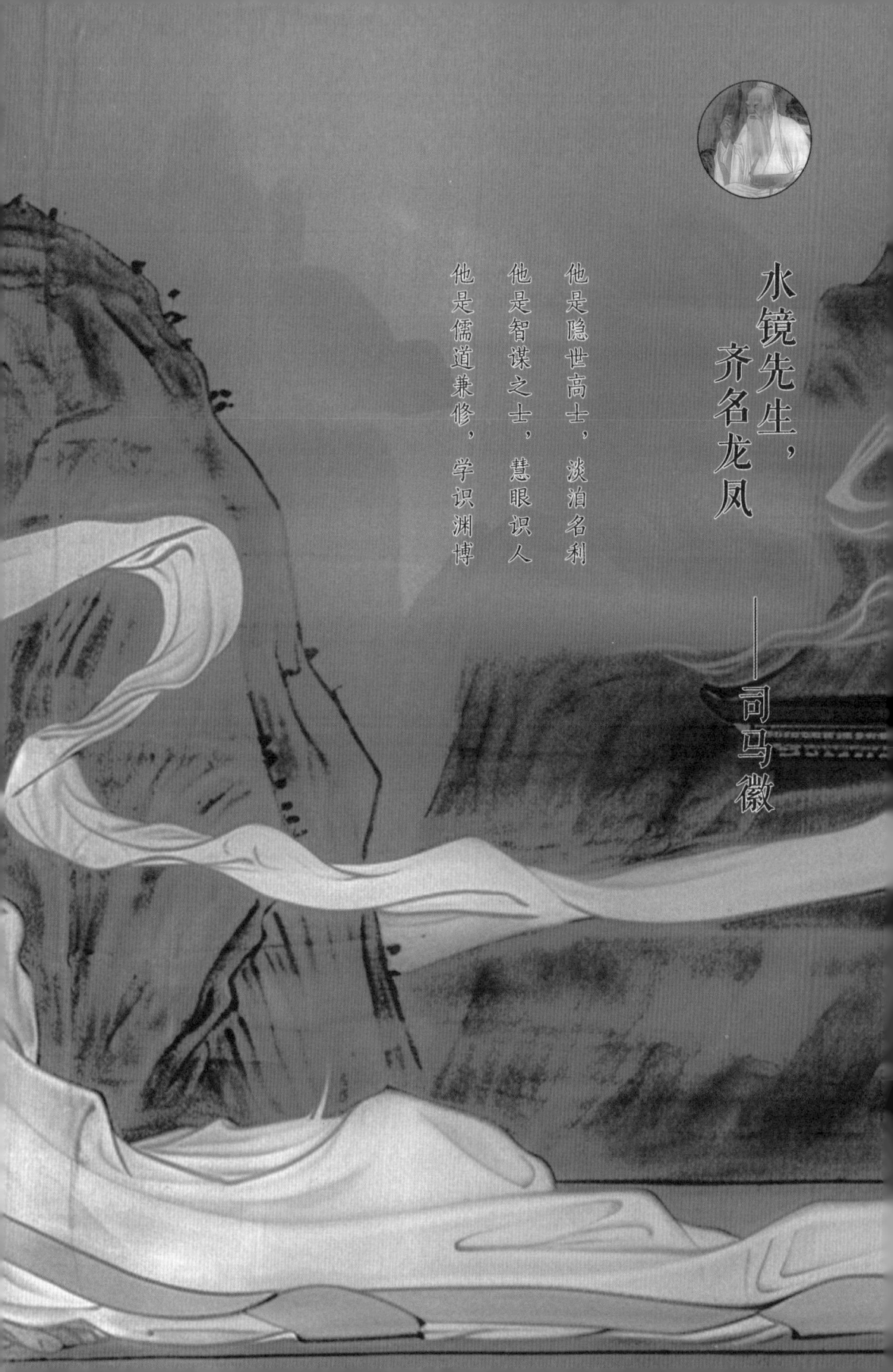

——司马徽

他是隐世高士，淡泊名利

他是智谋之士，慧眼识人

他是儒道兼修，学识渊博

少而颖悟

司马徽，字德操，东汉末年颖川阳翟（今河南禹州）人。司马徽年轻时便好学不倦，博览群书，对儒家经典和道家学说都有深入的研究。不过他并不热衷于仕途，而是选择了隐居的生活方式。他隐居于荆州襄阳城南的水镜庄，以耕读为乐。在那里，他结交了许多志同道合的朋友，如庞德公、徐庶等，他们常常一起谈经论道，畅谈天下大事。

司马徽因为乐善好施、学识广博被庞德评为"水镜先生"，我们熟知的"卧龙"诸葛亮、"凤雏"庞士元都是由庞德公所评。

泉石旧梦

桑下之论

司马徽隐居的时候，南郡的青年才俊庞统，听闻司马德操的大名，心中仰慕已久，决定踏上千里之旅，前去拜访。历经跋涉，当庞统抵达颖川时，恰逢司马徽正在田间采摘桑叶，一派悠然自得之态。

庞统坐在车中，心中不禁涌起一股不解之情，他高声说道："我闻大丈夫生于世，当求功名显达，做一番大事业，岂能如长江大河般被压抑，而甘于做这蚕妇之事？"

司马徽闻言，停下手中的活计，微笑着对庞统说："公子且请下车一叙。人生之路，捷径虽快，却易迷失方向。昔日伯成子高，宁愿耕作田间，也不羡慕诸侯的荣华；原宪身居陋室，以桑木为门轴，却不愿踏入官邸半步。难道非要住在金碧辉煌的宫殿，骑乘肥马，左右侍从如云，才算得上是与众不同吗？这正是隐士许由、巢父所感慨的，也是清廉之士伯夷、叔齐所长叹的。即便拥有吕不韦那般的爵位，齐景公那般的财富，也未必值得世人尊敬。"

庞统听后，面露愧色，连忙说道："我生于偏远之地，少见大世面，未曾领略过洪钟大吕之音，自然不知其响彻云霄之妙。"

于是，司马徽与庞统相携步入草堂，两人一谈便是昼夜不分。他们论道谈经，畅谈天下大事，彼此的心灵在交流中产生了深深的共鸣。谈论之后，司马徽对庞统的才学、见识大为惊异，赞誉他为南州名士之首。从此，庞统的名声渐渐传扬开来，为更多人所知。

客居襄阳

在建安三年的荆州，荆州牧刘表，为了振兴荆州的文化与教育，特意设立了学校与学官，广撒网罗，寻求天下的名士前来执教。司马徽正客居在荆州襄阳，他的名声早已在士人间传为佳话。

在荆州，他与另一位汉末名士宋忠齐名，两人并称为荆州学术界的双璧。许多有志青年慕名而来，其中就有荆州南阳的刘廙和襄阳的向朗，他们成了司马徽的门生，沐浴在司马徽的学术熏陶之下。

益州的涪人尹默、李仁，因益州只盛行今文经学，而渴望学习古文经学的他们，听闻司马徽的大名后，不惜长途跋涉，特意来到荆州，只为拜司马徽和宋忠为师，探寻古文经学的奥秘。

但是司马徽虽身处荆州，却对时局有着清醒的认识。他深知刘表心胸狭隘，善于猜忌，对贤能之士往往心存忌惮。

因此，司马徽选择了缄口不言，不轻易谈论时势，以免引来不必要的麻烦。

有一天，有人对刘表说："司马德操乃是一位奇士，只可惜至今还未遇上真正的知己。"刘表听后，心中不禁生出一丝好奇，决定亲自去拜访这位传说中的隐士。

当刘表来到司马徽的居所时，只见司马徽正悠然自得地坐在书房中，手捧书卷，沉浸在自己的世界里。

刘表轻声问道："先生，外界传言您乃奇士，为何我却觉得您只是一个小书生，见识与普通人并无二致呢？"

司马徽闻言，微微一笑，并未直接回答刘表的问题。他只是淡淡地说："世间之事，往往非表面所见那么简单。真正的智慧，不在于言辞的华丽，而在于内心的洞察与理解。"刘表听后，虽然未完全明白司马徽的言外之意，但也被他的气度所折服，对司马徽更加敬重了几分。

举贤荐才

在荆州，司马徽与一众名士交往密切，其中便有德高望重的庞德公，以及韩嵩、石韬、孟建、崔州平等人。

彼时汉末乱世，士人们多追逐功名，纷纷投奔各路诸侯，而诸葛亮与庞统却选择隐居在襄、汉之间，他们淡泊名利，不轻易投身任何一方势力。司马徽慧眼识珠，对这两位隐士的才华极为赞赏。

司马徽

一日，依附于刘表、屯驻新野的刘备，闻司马徽之名，特来拜访。两人相坐于草堂之中，品茗论世，谈及天下大势。司马徽轻抚胡须，缓缓言道："世间读书人众多，然能认清天下大势者却寥寥无几。唯有那些洞察时局、明辨是非之人，方可称为俊杰。"

刘备闻言，心中好奇，忙问何人可称俊杰。司马徽微微一笑，道："卧龙凤雏，二人得一可安天下。"言罢，他目光深邃，仿佛已预见这两位隐士未来的辉煌。

司马徽画像

刘备听后，心中暗自思量，对司马徽的推荐铭记于心，对诸葛亮、庞统也充满了期待。

水镜先生

在荆州的烟云里，司马徽身处乱世，却不染尘埃，以一种超然物外的态度，静观世间风云变幻。司马徽的性格中，既有着隐士的淡泊与宁静，又蕴含着对世事的深刻洞察与独到见解。

他从不追逐功名，也不轻易投身任何一方势力，而是选择隐居在襄、汉之间，与诸葛亮、庞统等志同道合之士相与为伴。在他们的交往中，司马徽以他的智慧和眼光，发现了诸葛亮、庞统的非凡才华，并毫不犹豫地向刘备推荐，为乱世中的英豪指引了明路。

司马徽的言谈举止，总是透露出一种深邃的人文情怀。他与刘备论世，不谈兵戈征战，只言天下大势，展现出一种对世事的超脱与睿智。他的每一句话，都如同春风化雨，润物无声，让人在纷扰的乱世中找到一丝心灵的慰藉。

德昭古今

颍川司马徽清雅有知人鉴。

——陈寿《三国志》

【译】颍川的司马徽高雅脱俗，有识别人才的慧眼。

益部多贵今文而不崇章句。李仁、尹默知其不博，乃游学荆州，从司马德操、宋仲子受古学，以修文自终也。

——陈寿《三国志·尹默传》

【译】益州地区的人大多重视今文经学，而不崇尚对经文的详细阐释（即章句之学）。李仁、尹默意识到这种学风的局限性，不够广博，于是他们前往荆州游学，跟随司马德操（即司马徽）、宋仲子学习古文经学，最终他们以研修文学作为自己的归宿。

司马徽

世间人为妄语,此只小书生耳,其智而能愚者皆类。

——刘义庆《世说新语》

【译】世上的人认为我在说妄言,其实这只是我这个小书生的看法罢了,那些看似聪明却实则愚昧的人,都是这类情况。

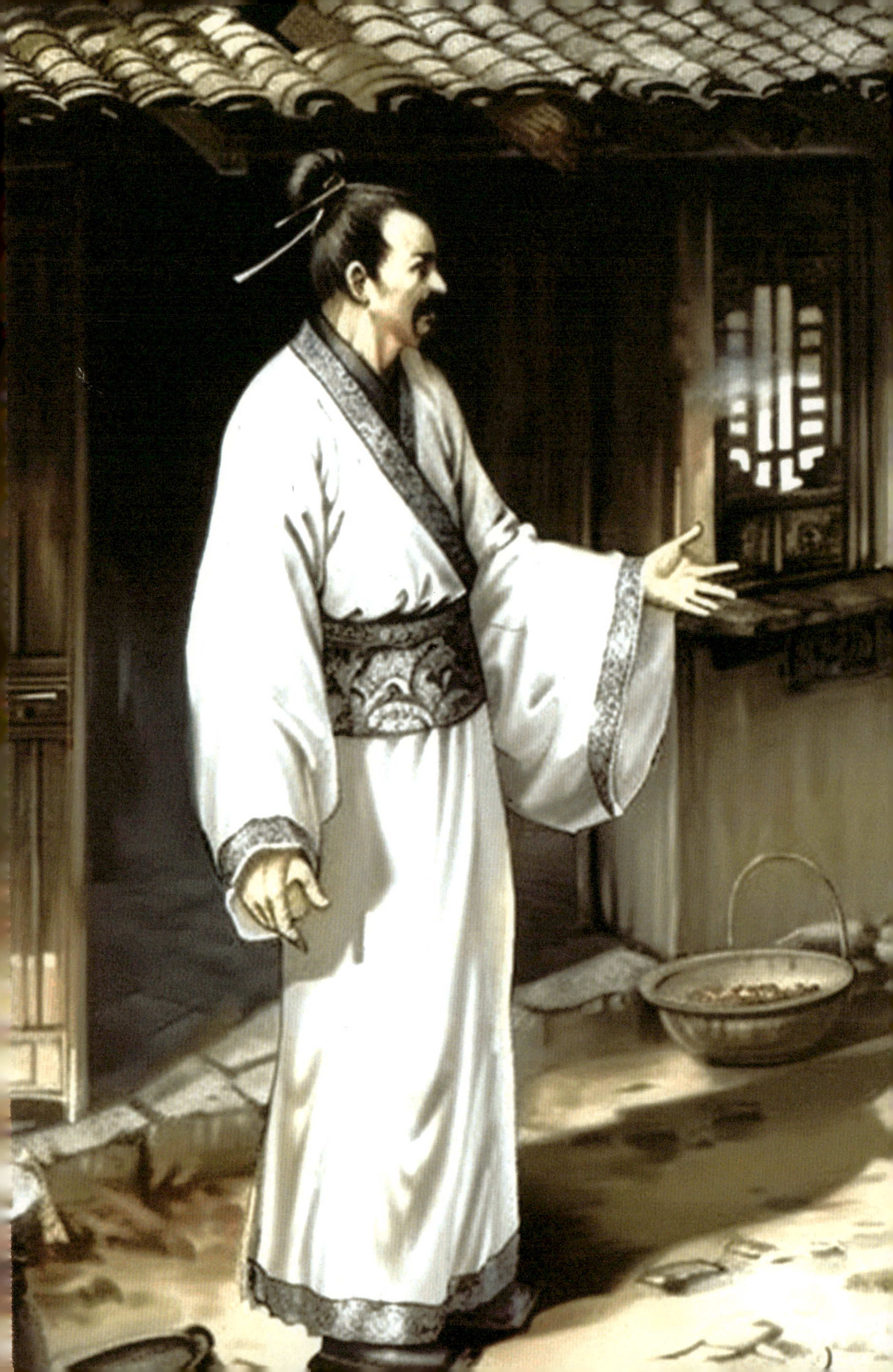

躬耕南阳，
卧龙待主
——诸葛亮

他是隐于南阳的卧龙，以深邃的智慧洞察天下大势
他是蜀汉政权的擎天柱石，以无私的奉献践行忠臣之道
他是千古流传的智慧化身，以卓越的谋略彰显隐士风采

中国古代隐士

少而颖悟

诸葛亮，字孔明，号卧龙，生于东汉末年的琅琊阳都（今山东省临沂市沂南县）。诸葛亮自幼便展现出过人的才智和对天文的浓厚兴趣。在叔父诸葛玄的抚养下，他接受了良好的教育，不仅精通经史子集，还对兵法、道术有着深入的研究。

后来因为家中的变故，诸葛亮来到南阳郡的隆中隐居。在隆中隐居的日子里，诸葛亮并没有完全脱离尘世。他时刻关注着天下的局势变化，对各地的政治、军事动态了如指掌。他的才华逐渐为世人所知，尤其是荆州名士司马徽、徐庶等人的推崇，更让他的名声如日中天。

泉石旧梦

躬耕南阳

诸葛玄离世后，诸葛亮选择隐居于隆中之地。他平日里酷爱吟诵那首《梁甫吟》，且时常将自己比作古代的贤相管仲、名将乐毅，不过周遭之人多对他不屑一顾，唯有挚友徐庶、崔州平等人深信他才华横溢。在荆州游学期间，诸葛亮与石韬、徐庶、孟建三人结为学伴，他们读书时，其他人皆追求字斟句酌，唯独诸葛亮更注重领会要旨。每日晨昏时分，诸葛亮常悠然抱膝长啸。一日，他对三位好友说："你们将来定能担任刺史、郡守之职。"当三人问及诸葛亮自己的前程时，他只是微笑不语。后来，孟建打算北归故里，诸葛亮劝阻道："中原才俊辈出，你尽可四处游历，何必急于归乡呢？"就这样，诸葛亮在隆中过着隐居的生活，静待时机的到来。

三顾茅庐

汉末乱世，黄巾起义如星火燎原，天下陷入一片混乱。曹操在朝廷中稳坐钓鱼台，孙权在东吴囤积重兵。刘备却在中原战场上屡战屡败，最终只得逃往荆州，依附于刘表麾下。但是他心中那复兴汉室、夺取天下的火焰从未熄灭，为此，他四处招揽贤才，渴望有人能助他一臂之力。

在这时，徐庶和司马徽他们都向刘备推荐了一位隐居在隆中的奇才，人称"卧龙"的诸葛亮。

诸葛亮的居所是一间简陋的茅草屋，四周环绕着青翠的竹林，显得格外清幽。他虽身居陋室，却心系天下大事，常常研读兵法，思考治国之道。刘备得知诸葛亮的才华后，决定亲自前往隆中拜访。

刘备带着关羽、张飞，备上厚礼，踏上了前往隆中的路途。不过当他们抵达时，却得知诸葛亮恰好外出，刘备只能带着遗憾返回。不久后，刘备不顾风雪交加，再次踏上了前往隆中的路。可这次，诸葛亮又外出游历了，刘备只能留下一封信，表达自己对诸葛亮的敬佩之情，并恳请他出山相助。

时间一天天过去，刘备对诸葛亮的思念与日俱增。他决定再次前往隆中，这次他还特意斋戒了三天，以示诚意。关羽有些疑惑，认为诸葛亮或许只是徒有虚名，但刘备却坚信自己的直觉。张飞更是按捺不住性子，提议直接绑来诸葛亮，被刘备严厉责备了一番。

终于，刘备、关羽、张飞三人第三次踏上了前往隆中的路。当他们抵达时，只见诸葛亮正在午睡，刘备不忍打扰，便静静地站在一旁等待。寒风凛冽，刘备却毫无倦意，直到诸葛亮醒来，刘备还在静静等待，诸葛亮才同意见刘备，两人一见如故，相谈甚欢。

隆中对策

刘备前后三次踏入隆中的山林，才终于得以与诸葛亮相见。见到这位卧龙先生的刘备，向诸葛亮倾诉心声："如今汉室衰微，奸臣当道，皇上流离失所。我自知德才不足，却仍想为天下苍生伸张正义。只可惜我智谋短浅，屡战屡败，落到如此田地。但我的壮志仍未熄灭，先生可有良策助我？"

诸葛亮缓缓道来："自董卓乱政以来，英雄并起，割据一方。曹操虽起初声名不显，却能以弱胜强，击败袁绍，实乃天时与人和之功。如今曹操兵强马壮，挟天子以令诸侯，不可与之硬碰。孙权在江东已历三世，地险民附，贤才辈出，只可结盟，不可图谋。而荆州之地，北连汉沔，南通南海，东接吴会，西达巴蜀，乃兵家必争之地，其主却守之无力，此天赐将军之良机也。益州险塞，沃野千里，高祖曾据此以成帝业。刘璋暗弱，张鲁据汉中而民殷国富，刘璋却不知珍惜。将军乃汉室宗亲，名扬四海，若得荆、益二州，守其险要，和抚戎越，结好孙权，内修政理，则霸业可成，汉室可兴。"

刘备听后大喜，与诸葛亮的关系日益亲密。关羽、张飞见状不悦，刘备便劝解道："我得孔明，如鱼得水，望二位兄弟勿再多言。"关羽、张飞闻此，便不再言语。从此，刘备在诸葛亮的辅佐下，开始了复兴汉室的征程，那年正是建安十二年，一切的故事，都在这乱世之中缓缓拉开序幕。

诸葛亮

兴复汉室，计日可待

在那纷扰的东汉末年，诸葛亮未出茅庐，便已知天下三分，卓越的战略眼光，在《隆中对》一文中展现得淋漓尽致。

诸葛亮性喜静谧，常于隆中草庐之中，抚琴吟诗，与山川为伴，与书卷为友。他虽身处乱世，却不为世俗所动，坚守着心中的那份纯净与高远。他的《梁甫吟》中曾有言："步出齐城门，遥望荡阴里。里中有三坟，累累正相似。"流露出对世事变迁的感慨与对隐逸生活的向往。

当刘备三顾茅庐，终得与诸葛亮相见时，诸葛亮便以一篇《隆中对》，为刘备规划了夺取荆、益二州，联合东吴，三分天下的宏伟蓝图。

《隆中对》不仅展现了诸葛亮对时局的精准判断，更体现了他作为一位隐士的深邃智慧与高远抱负。他未出茅庐，便已胸怀天下，以一己之力，为刘备指明了前进的方向。他的出山，不是为了个人的荣华富贵，而是为了实现心中的那份理想与抱负，更为后世留下了宝贵的智慧和启迪，正如刘备见到诸葛亮时候所说的"兴复汉室，计日可待矣"。

诸葛亮画像

中国古代隐士

德昭古今

儒生俗士，岂识时务？识时务者，在乎俊杰。此间自有卧龙、凤雏。

——刘义庆《世说新语》

【译】那些儒生和庸俗之士，怎么能懂得当前的时局大势呢？能够洞察时局大势的，只有杰出的人才。这个地方自然有卧龙（诸葛亮）和凤雏（庞统）这样的人才。

毅相弱燕，合五国之兵以破强齐，雪君王之耻，围城而不急攻，将令道穷而义服，此则仁者之师。莫不谓毅为优。余以五国之兵，共伐一齐，不足为强；大战济西，伏尸流血，不足为仁。夫孔明包文武之德，刘玄德以知人之明，屡造其庐，咨以济世。奇策泉涌，智谋从横。

——欧阳询等《艺文类聚》

【译】乐毅辅佐弱小的燕国，联合五国的兵力击败了强大的齐国，为燕王雪洗了耻辱。他在围攻齐国城池时并不急于攻城，而是打算让齐国走投无路后心悦诚服地投降，这样的军队可以称得上是仁者的军队。人们无不称赞乐毅的功绩。然而，我认为联合五国的兵力去攻打一个齐国，并不能算是强大；在济西大战中，尸体遍地，血流成河，这样的战争并不能算是仁义。至于诸葛亮，他兼具文武之才，刘备因为他有知人之明，多次亲自到他的草庐拜访，向他请教拯救时世之策。诸葛亮奇策如泉涌，智谋纵横。

诸葛亮

诸葛武侯，龙蟠江南，托好管、乐，有匡汉之望，是有崇本之心也。

——李昉等《太平御览》

【译】诸葛武侯（诸葛亮），如同蟠龙盘踞在江南，他崇尚管仲、乐毅，有辅佐汉室、兴复汉业的期望，这是因为他有尊崇根本（即汉室正统）的忠心。

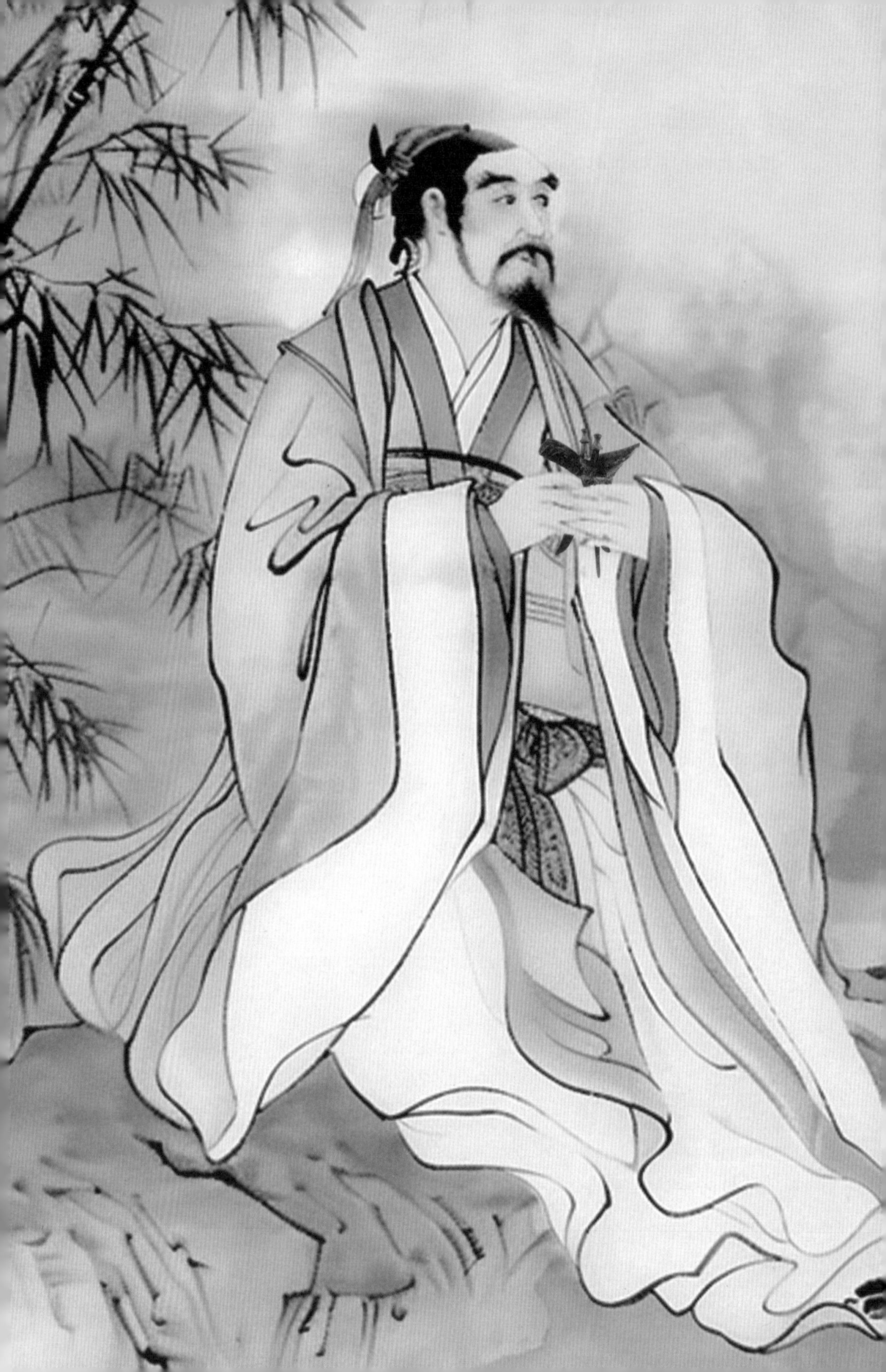

放浪形骸，狂狷隐士 ——阮籍

他是竹林七贤之一，以狂放不羁著称

他是魏晋风骨的代表，用诗歌抒发胸中块垒

他是乱世中的隐士，以酒为伴，以诗为友，逍遥自在

少而颖悟

阮籍，生于建安十五年（公元210年），三岁丧父，他由母亲含辛茹苦地抚养长大。家境的清苦并未消磨他的意志，反而激发了他勤学上进的动力。阮籍天赋异禀，八岁便能挥洒自如地撰写文章，终日以弹琴长啸为伴，展现出了非凡的才情与气质。

在少年时期，阮籍更是好学不倦，对儒家的诗书有着深厚的兴趣。他不仅研习经典，更以道德高尚、乐天安贫的古代贤者为榜样，立志成为一位不慕荣利富贵、坚守道德底线的君子。除了文学上的造诣，阮籍还兼修武艺，其《咏怀诗》中便有"少年学击剑，妙技过曲城"之句，可见他武艺之高强。

但是阮籍的性格是孤僻而轻荡，十六岁时，他随叔父前往东郡，兖州刺史王昶与他相见，他竟"终日不开一言"，让王昶也"自以为不能测"。尽管性格孤僻，但阮籍在政治上却怀有济世之志。他曾在登广武城，观楚、汉古战场后慨叹道："时无英雄，使竖子成名！"

阮籍

泉石旧梦

首次出仕

正始三年（242年）左右，曹魏政坛暗流涌动，曹爽与司马懿两大势力明争暗斗，局势错综复杂。此时，太尉蒋济听闻阮籍才华横溢，品行高洁，心中便有了征辟之意。他特地向掾属王默求证，得到了肯定的答复。

蒋济满心期待，准备将阮籍纳入麾下。然而，阮籍却对官场纷争心生厌倦，不愿卷入其中。当他得知蒋济有意征辟自己时，便亲笔撰写了一封《奏记》，详细阐述了自己才疏学浅、出身卑微，难以胜任要职的理由，并亲自送往洛阳城外的都亭，请吏卒代为转交。

蒋济原以为阮籍会欣然应命，得知他已到达都亭，更是喜出望外。然而，当他仔细阅读《奏记》后，才发现阮籍只是以客气之辞婉拒。蒋济派人前去迎接，却发现阮籍早已离去，不由得大怒，将怒火撒向了王默。

王默惊恐万分，急忙修书一封，劝说阮籍改变主意。同时，阮籍的乡党

《竹林七贤与荣启期砖画》拓片

亲属也纷纷前来相劝。在众人的劝说下，阮籍勉强接受了蒋济的征辟，但是他心中对官场的厌恶并未消减，不久便以病为由，辞官归隐，再次回到了他热爱的山水之间，继续他的逍遥生活。

时局动荡

又过了几年到正始八年（247年），阮籍与王戎的父亲并肩担任尚书郎一职。阮籍不久便因病辞去了这份官职，回归了宁静的生活。可没过多久，曹爽的征召如同春风般拂过，邀他出任参军，但阮籍却以病体为由，婉拒了这份可能改写他命运的机会，选择了继续他的闲云野鹤之路。

时光荏苒，转瞬间正始十年（249年）已至，曹爽与司马懿的权力斗争落下帷幕，曹爽陨落，司马氏独揽大权，朝堂之上风起云涌，无数无辜之人被波及。阮籍是心怀曹魏的才子，面对司马氏的铁血手腕，内心虽有千般不满，却也深知时局已非个人所能左右。于是，他选择了另一种生活方式，不问朝堂，隐居度日，或沉浸于书海，寻觅心灵的慰藉；或徜徉于山水之间，让自然的壮美抚平内心的波澜；又或借酒消愁，醉卧于市井小巷，不问世事；更有时，他选择沉默，以无言作为对这世界最深沉的抗争。

竹林称贤

在正始年间的余晖中，阮籍与嵇康等六人，共赴竹林之约，留下了"竹林七贤"的佳话。时光荏苒，至嘉平年间，阮籍已步入不惑之年，他先后成为司马懿、司马师帐下的从事中郎，仕途看似平稳，实则暗流涌动。

随着司马氏权势的日益膨胀，阮籍以关内侯之身，徙官散骑常侍，却在新帝即位后的权力更迭中，选择了东平之任作为暂时的避风港。这短暂的逃离并未让他真正远离政治旋涡，不久他便重返京师，再次成为司马昭的幕僚。

甘露元年，阮籍以步兵校尉的身份，找到了一个既不亲近皇权又不触及军权的微妙位置。他知道在这乱世之中，唯有韬光养晦方能保全自身。于是，面对司马氏心腹钟会的试探，他以酒为盾，以醉为矛，巧妙周旋；即便是司马昭亲自询问，他也只是谈论玄理，绝口不谈时事，让司马昭也不得不赞叹其谨慎。

阮籍画像

当司马昭晋封晋公，意图篡权之时，阮籍再次被推到风口浪尖。作为步兵校尉，他被命撰写加封诏书。但是阮籍却以酒为伴，直至使者催稿，他才带着几分醉意，草草拟就，以此表达自己对这场权力游戏的不屑与无奈。

嗜酒狂士

在阮籍那洒脱不羁的一生中，他以一种独特的姿态，游走于仕途与自然之间，用笔墨抒写着内心的矛盾与挣扎。其《咏怀诗》之一，便是对他隐士心境的深刻诠释：

夜中不能寐，起坐弹鸣琴。

薄帷鉴明月，清风吹我襟。

孤鸿号外野，翔鸟鸣北林。

徘徊将何见？忧思独伤心。

　　此诗寥寥数语，却勾勒出一幅深夜难眠、抚琴自遣的画面。阮籍以"孤鸿""翔鸟"自喻，表达了身处乱世、心怀忧思的孤独与无奈。他虽身居官位，却心向自然，渴望像那孤鸿、翔鸟一般，自由翱翔于天地之间，远离尘世的纷扰。

　　阮籍的隐士之道，并非简单的避世或入世，而是一种超然物外、随遇而安的生活态度。他深知在这乱世之中，个人的力量微不足道，于是选择了以酒为伴，以诗为友，用醉意朦胧的双眼，审视着这个世界的荒诞与无奈。他的隐，不是逃避，而是一种深沉的反抗，是对现实不满而又无力改变的无奈之选。

　　在阮籍的笔下，我们看到了一个既渴望自由又束缚于现实的灵魂，一个以隐逸之姿，书写着人生百态的智者。他的诗，如同他的人生一般，充满了矛盾与挣扎，却也在这种矛盾中，展现出一种独特的人文魅力，让人在品读之余，不禁为之心动，为之感慨。阮籍，这位竹林中的隐士，用他的笔墨与人生，给我们留下了一段关于自由、关于选择、关于人生的深刻思考。

德昭古今

　　阮籍既方外之士，故不崇礼典。我俗中之士，故以轨仪自居。

——房玄龄《晋书》

阮 籍

【译】阮籍既然是超脱世俗的人，因此他不崇尚礼法典章。我是世俗中的人，所以以遵循规矩礼仪来要求自己。

籍容貌瑰杰，志气宏放，傲然独得，任性不羁，而喜怒不形于色。或闭户视书，累月不出；或登临山水，经日忘归。嗜酒能啸，善弹琴。当其得意，忽忘形骸。时人多谓之痴。

——房玄龄《晋书》

【译】阮籍容貌出众，气质非凡，志向远大，豪放不羁，他傲然独立，随心所欲，不受拘束，而且喜怒哀乐都不显露在脸色上。有时他闭门读书，几个月都不出门；有时他又攀登山峰，游览江水，一整天都忘记回家。他酷爱饮酒，擅长长啸，还精通弹琴。当他心情舒畅的时候，就忘却了自己的形体。当时的人大多认为他痴狂。

北海虽赊，扶摇可接；东隅已逝，桑榆非晚。孟尝高洁，空余报国之情；阮籍猖狂，岂效穷途之哭！

——王勃《滕王阁序》

【译】北海虽然遥远，但乘着旋风还是可以到达；早年的时光虽然已经逝去，但珍惜将来的岁月，为时还不晚。孟尝君品行高洁，却空怀一腔报国的热情（而无处施展）；阮籍行为狂放不羁，又怎能效法他那种走到穷途末路就放声大哭的行为呢！

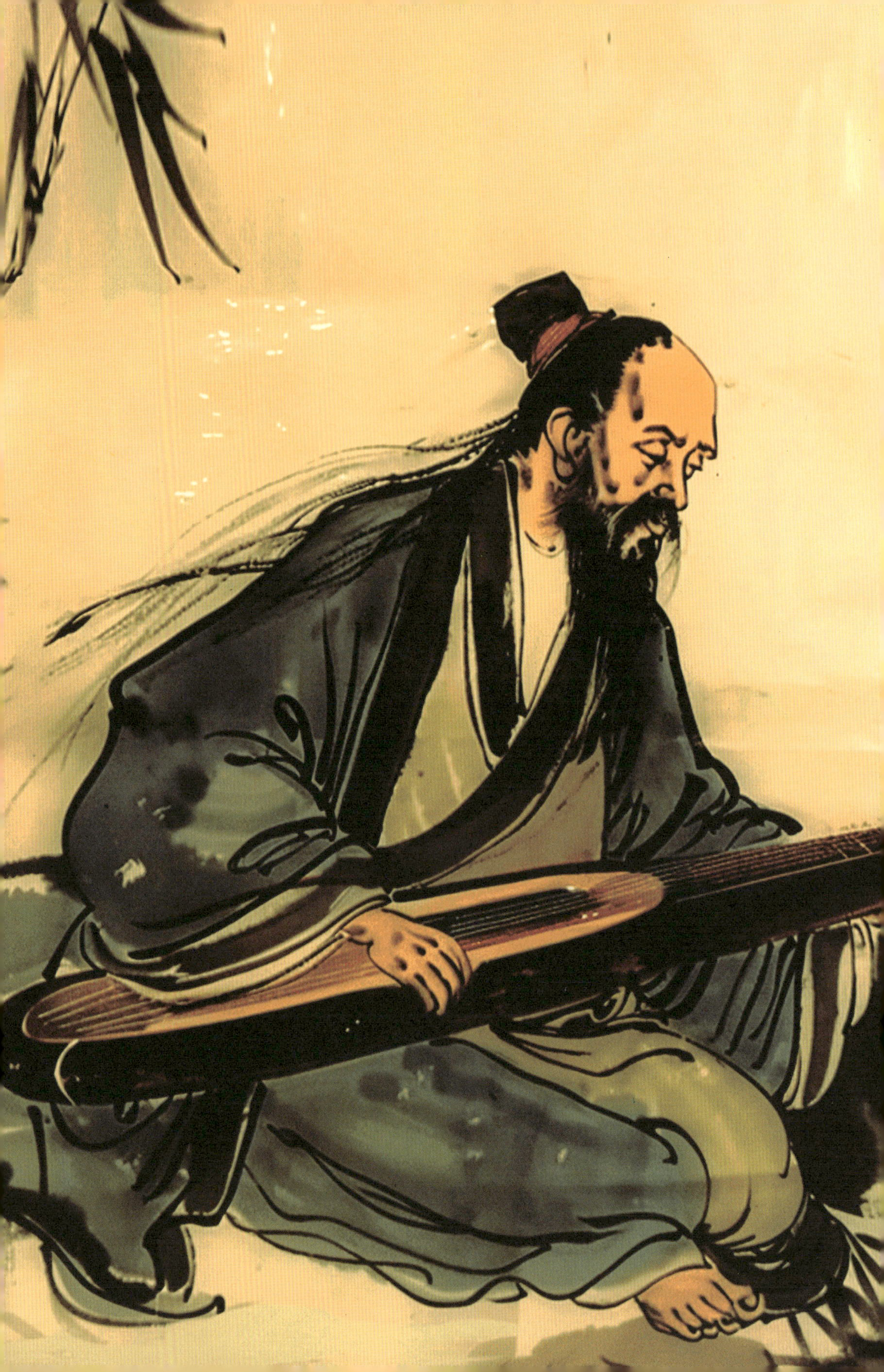

竹林七贤，广陵绝响
——嵇康

他是魏晋风骨的杰出代表

他是竹林七贤的精神领袖

他是隐逸之士的典范楷模

少而颖悟

嵇康，字叔夜，生于魏文帝黄初五年（公元224年），逝于魏元帝景元四年（公元263年），三国时期曹魏著名的思想家、音乐家、文学家与隐士。他出身贫寒，却自幼聪颖过人，博学多才，尤善琴艺与诗文。

少年时期的嵇康与阮籍、山涛等人共游竹林，以诗酒为伴，畅谈人生哲学，形成了独特的"竹林文化"。他们反对礼教束缚，崇尚自然与自由，嵇康更是以其人格魅力和思想，成了竹林七贤中的灵魂人物。但是嵇康的才华与不羁也引起了当权者的猜忌与打压。他多次拒绝朝廷征召，坚持隐居山林，以琴音为伴，以诗文抒怀，过上了逍遥自在的隐士生活。

泉石旧梦

恬静无欲

嵇康是深受老庄哲学影响的文人，痴迷于养生与自然的和谐共生，他主张挣脱世俗名教的束缚，追随内心的自然之趣。他不仅精通琴艺，常以琴声抒怀，还热衷于探寻山林间的草药，以期通过服食达到修身养性的目的。在

嵇 康

他的心中，那些远离尘嚣、归隐山林的古代高士，是他无比憧憬与效仿的对象。

一日，嵇康漫步于山川之间，沉醉于采集草药的乐趣之中，竟至忘我之境，连归途都忘却了。林间伐木人偶遇这位超凡脱俗的文人，无不惊叹其风采，以为遇到了山间仙人。后来，嵇康在汲郡深山偶遇隐士孙登，两人结伴游历，孙登虽性格内敛，少言寡语，但在分别之际，却对嵇康的刚烈性格与卓越才情表示了担忧，预言其未来恐难避祸端。

嵇康画像

另一段奇遇发生在嵇康与王烈相遇时，两人一同深入山林，王烈偶得石髓，其味甘如蜜，慷慨分予嵇康一半，未料石髓瞬间化为坚石，此景此情，奇妙非凡。更有一回，在石室内，一卷白绢古籍神秘显现，嵇康欲取之，书却倏忽消失，王烈对此感慨万分，认为嵇康虽有非凡之志，却命途多舛，难以施展才华，这一切似乎都是冥冥中注定的命运。

拒绝出仕

在魏晋时期，大将军司马昭权势滔天，他听闻嵇康才名远播，便有意将其招揽至幕府中。然而，嵇康却对仕途毫无兴趣，他渴望的是远离尘嚣、回归自然的生活。为了躲避司马昭的征辟，嵇康毅然决定前往河东郡，那里山高水远，或许能让他找到一片宁静之地。

竹林七贤之一的山涛，在即将离开尚书吏部郎的职位时，想到了自己的好友嵇康。他认为嵇康才华横溢，应该有一个更好的施展平台。于是，他向朝廷推荐了嵇康，希望他能接替自己的位置。嵇康却并没有接受这份好意。他写了一封《与山巨源绝交书》，在信中详细列举了自己不适合官场生活的"七不堪"和"二不可"。他明确表示，自己不愿意被官场束缚，更愿意追求内心的自由与宁静。

《与山巨源绝交书》局部

这封信传到了司马昭的手中，他看后大为震怒。他原本以为嵇康会识时务、懂进退，却没想到他竟然如此决绝。司马昭对嵇康的忌恨由此而生，他开始暗中寻找机会，想要给嵇康一个深刻的教训。

特立独行

嵇康在隐居之后，用独特的生活方式诠释着对自然的热爱与对自由的向往。他不仅文采飞扬，更有一手锻铁的绝技，这在《文士传》中得到了生动的描绘。嵇康在后园的柳树下，搭建起铁铺，引来清澈的山泉，围绕柳树筑成一方小小的泳池。每当打铁之余，他便跃入池中，让清凉的水洗去一身的疲惫，旁观之人无不赞叹其风度翩翩，或言其"萧萧肃肃，爽朗清举"，或夸其"肃肃如松下风,高而徐引"。

与嵇康形成鲜明对比的是钟会,这位出身名门、年少得志的才子,虽仕途顺畅,却对嵇康的才情与风范仰慕已久。《世说新语》记载,钟会在完成《四本论》后,渴望得到嵇康的指点,但又担心自己的作品入不了嵇康的法眼,于是采取了一个折中的办法:他站在嵇康家门外,将书稿远远掷向院内,随后匆匆离去,既希望嵇康能读到他的作品,又害怕面对可能的批评。

但是当钟会再次登门拜访时,嵇康却依旧沉浸在自己的铁匠世界中,对钟会的到来视而不见,继续专注地锻打着铁器。钟会自感无趣,正准备离开,这时嵇康终于开口,声音平淡却意味深长:"你因何而来,又因何而去?"钟会不甘示弱,回答道:"因所闻而来,见所见而去。"言罢,心中却对嵇康的冷漠与高傲暗暗记恨。这一幕,不仅是两人性格与价值观的碰撞,更是对嵇康那份超然物外、不拘小节的最好注解。

文乐双绝

司马氏专政之后的社会一直处于动荡之中,所以有这样一封书信,字间透露着对官场的深恶痛绝和对自由的无限向往。信中写道:"有必不堪者七,甚不可者二。卧喜晚起,而当关呼之不置,一不堪也。"这是嵇康的《与山巨源绝交书》,是他对友人山涛婉拒官职邀请的回复,也是他内心世界的真实写照。

嵇康是位不愿被世俗束缚的隐士,他以琴为伴,以诗为友,生活在自己的世界里。他的《广陵散》,如同一曲生命的绝唱,悠扬中藏着不屈,哀婉中透着傲骨。据说，在他临刑前，仍索琴弹奏此曲，曰："《广陵散》于今绝矣！"这份对艺术的热爱与对生命的尊重，让人为之动容。

他的生活，就是一首未完的诗。他拒绝官场的繁华，选择隐居山林，与自然为伍，与琴诗为伴。他的每一次选择，都是对内心自由的坚守；他的每一声琴音，都是对生命真谛的诠释。在《与山巨源绝交书》和《广陵散》中，我们仿佛能看到那位隐士的身影，他独立而坚韧，高洁而不屈，用自己的方式诠释着生命的意义和价值。

嵇康的隐士之路，是一条追求自由与真理的道路。他用自己的行动告诉我们：在这个世界上，有一种生活叫作随心所欲，有一种精神叫作不屈不挠。他的故事和作品，将永远激励着那些追求自由与真理的人们。

德昭古今

嵇叔夜之为人也，岩岩若孤松之独立；其醉也，傀俄若玉山之将崩。

——刘义庆《世说新语》

【译】嵇叔夜（嵇康）的为人，就像巍峨挺立的高山上一棵孤独的松树，坚毅而卓然不群；他喝醉的时候，那姿态摇曳欲倒，就像一座美玉雕成的山即将崩塌一样。

及正始明道，诗杂仙心；何晏之徒，率多浮浅。唯嵇志清峻，阮旨遥深，故能标焉。

——刘勰《文心雕龙》

嵇 康

　　【译】到了正始年间，诗歌中开始融入了仙道的思想；何晏等人（所写的诗），大多都显得浮浅。只有嵇康的诗志趣高洁峻拔，阮籍的诗意旨深远，因此他们能在诗坛上脱颖而出。

　　叔夜此诗，豪壮清丽，无一点尘俗气。凡学作诗者，不可不成诵在心，想见其人；虽沉于世故者，暂而揽其余芳，便可扑去面上三斗俗尘矣。何况深其义味者乎！

——黄庭坚《书嵇叔夜诗与侄榎》

　　【译】嵇叔夜的诗，风格豪壮而清丽，没有一丝一毫的尘世俗气。凡是学习写诗的人，不能不把他的诗熟读成诵，铭记在心。想象他的为人，即使是那些沉溺于世俗事务中的人，只要暂时领略到他诗中的一点儿余韵，就能拂去脸上的三斗俗尘。更何况那些深入体会他诗义诗味的人呢？

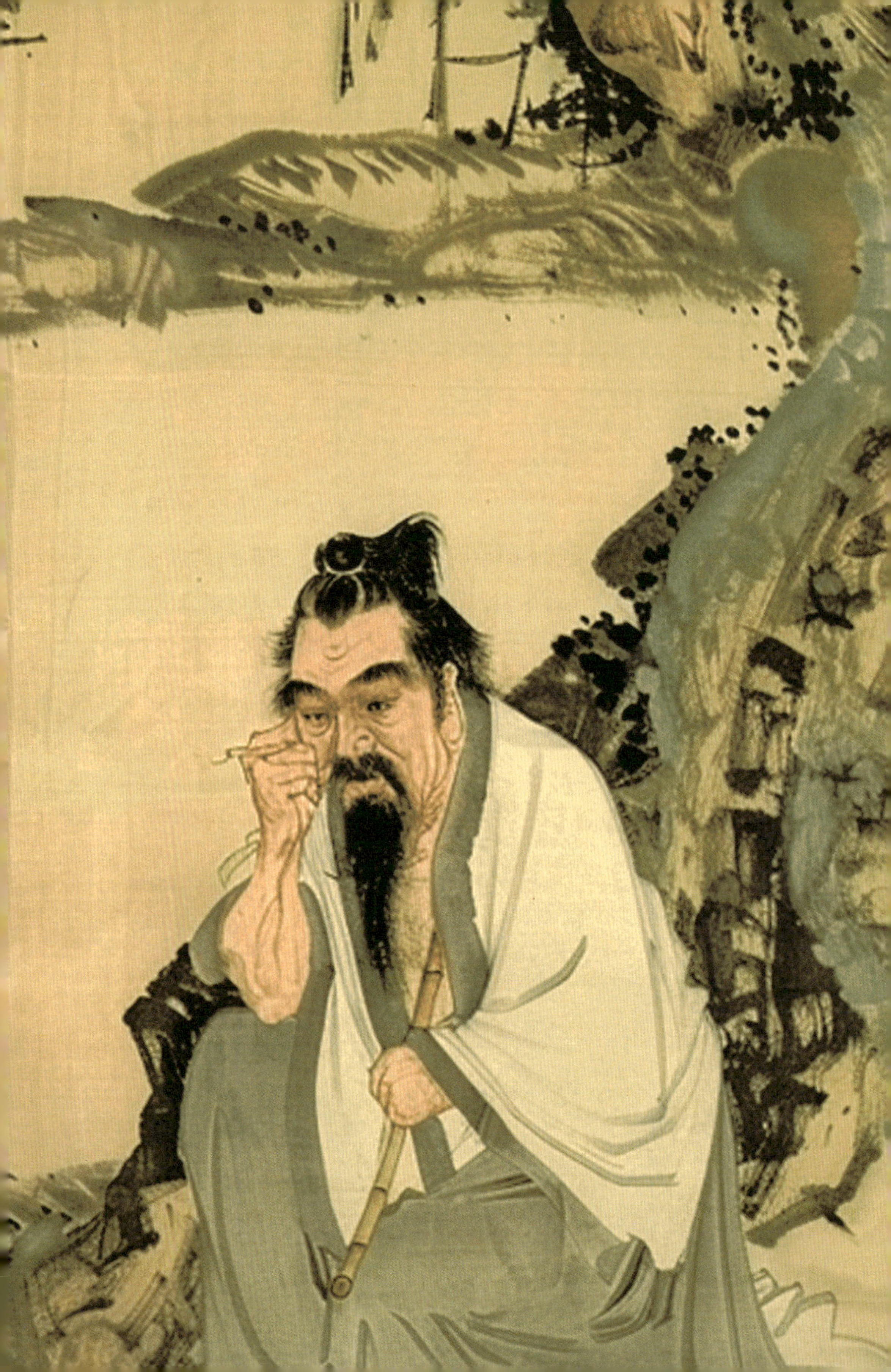

乱世哲人，竹林七贤

——向秀

他是竹林七贤中的智者，以才情著称

他是《思旧赋》的作者，情深意切忆故人

他是哲学思考的践行者，逍遥于世外

少而颖悟

向秀,字子期,河内怀县(今河南武陟西南)人,生于魏晋之际,少年时向秀便以文章俊秀闻名乡里,他研读《庄子》颇有心得,并且对其中的哲理有着独到的见解。在乡里讲学时,他的才华被山涛所发现。山涛听向秀所讲高妙玄远,如同"已出尘埃而窥绝冥",对向秀的才华极为赞赏,二人因此结成了忘年之交。

泉石旧梦

竹林之游

在山涛的引荐下,向秀结识了嵇康与阮籍,之后他们经常相聚于竹林之中,共游畅谈。

向秀酷爱读书,与嵇康、吕安等人交情深厚。他虽不善饮酒,却总能在嵇康家门前那棵老柳树下找到属于自己的乐趣。

嵇康性情独特,酷爱锻铁,于是两人常常一起打铁为乐,嵇康挥锤有力,向秀则在一旁专注鼓风,两人配合得天衣无缝,完全沉浸在自己的小世

向 秀

界里，自得其乐。除了打铁，向秀还时常前往吕安家，帮他打理菜园，日子就在这份平淡而真挚的友情中悄然流逝。

写赋思旧

景元年间的一个寻常日子里，向秀如往常一般协助嵇康在家门前的铁匠铺打铁。那日，钟会来拜访，嵇康对钟会的权势不屑一顾，并且言语间多有奚落。向秀站在一旁，亲眼见证了这一幕，心中隐隐感到不安。他未曾料到，这竟成了嵇康日后遭杀身之祸的源头。后来果不其然，司马家当政之后，钟会为了报复当年嵇康的冷落，就向大将军司马昭构陷了嵇康，加上嵇康本来对司马氏当权不满，司马昭也正有此意，于是死亡找上了嵇康。

时间到了景元四年（263年），向秀的生活因嵇康、吕安的遇害而发生了翻天覆地的变化。他沉浸在失去挚友的巨大悲痛之中，心中充满了惆怅和迷茫。但是在这份痛苦中，向秀也逐渐领悟到了人生的真谛，他的心境变得更加淡泊宁静，开始更加深入地阐发庄子思想的精神。

后来向秀西行经过嵇康、吕安旧日的居所，心中涌起无尽的怀念。日暮时分，一阵嘹亮而悲摧的笛声响起，那是邻人在吹奏。笛声如泣如诉，勾起了向秀对往昔一起

向秀画像

游玩宴乐的情分的追思。他想起嵇康、吕安那不受拘束的才情，心中感慨万千。于是他写下了千古名篇《思旧赋》，以寄托对挚友的深深怀念。

被迫出仕

嵇康遇害之后，向秀面临着强权的重重压力。无奈之下，他应本郡之召，作为郡上计前往洛阳。到了洛阳，向秀竟被司马昭亲自接见。司马昭似笑非笑地问他："听闻你昔日有隐居山林、不问世事的'箕山之志'，今日为何却出现在我面前呢？"向秀沉吟片刻，回答道："巢父、许由那样的隐士，或许并未真正理解帝尧求贤若渴的苦心。因此，隐居之举，实则不必过分美化。"此后，向秀在仕途上稳步前行，官至黄门侍郎、散骑常侍，与任恺等人交情颇深。至泰始八年（272年），向秀走完了他的一生。

勤俭爱民

向秀自幼家境贫寒，父亲以打铁为生，母亲则耕田种菜，一家人终日劳作，却仅能勉强糊口。向秀从小便知道粮食的珍贵，吃饭时连一粒米都不愿浪费，总是吃得干干净净。后来他步入仕途，虽享有丰厚俸禄，却并未沉溺于奢华生活，反而将钱财用于接济穷人，自己依旧保持着简朴的作风。

每次外出公干，向秀都坚持乘坐朝廷配给的牛车，自费在街边小吃摊就餐，绝不接受任何宴请。他见不得食物被浪费，若见小吃摊上有剩饭剩菜，总会心疼不已。这种行为让同僚们颇为不屑，戏称他为"一国俭"。但向秀对此毫不在意，依旧坚持自己的原则。

晋武帝泰始五年，向秀家乡遭遇旱灾，麦苗枯萎，百姓忧心忡忡。向秀得知后，多方筹措资金购买粮米运回家乡，还带领家人在京城饭店收集遗弃的食物，晒干后储存起来，戏称为"金银饼"。日积月累，屋子里堆满了麻袋装的"金银饼"。

不料当年秋天，家乡又遭蝗灾，庄稼绝收。年关将近，十室九贫，许多人饿得奄奄一息。向秀闻讯后，立即雇用牛车将"金银饼"全部运回家乡。村民们得以渡过难关，都对向秀感激涕零，称他为大救星。

泰始八年，向秀因积劳成疾，在任上去世。村民们得知消息后，悲痛欲绝，纷纷赶到京城洛阳为向秀哭灵。他们手拉灵车，哀声不断，将向秀隆重葬于村南。全村人每人都用衣襟兜土为向秀添墓，堆成了一座高大的巨冢。后来，一些村民为了陪伴向秀，自发搬迁到墓旁居住，日夜守墓。随着时间的推移，这里逐渐形成了一个新的村庄。

怀旧空吟

向秀的性格中，有着一种淡然与坚韧并存的气质。嵇康遇害后，他面临着强权的压力，却并未选择逃避或妥协。他应召前往洛阳，面对司马昭的质问，他以巢父、许由为例，巧妙地表达了自己对隐居与出仕的看法，展现出智慧与从容。

在向秀的作品中，《思旧赋》无疑是最能体现他隐士情怀的一篇：

追思曩昔游宴之欢，感感具尔。昔嵇子康，博览群书，特好《庄》《老》。徐庶见慕，阮籍来从。山公与嵇、阮一面，契若金兰。当其得意，忽忘形骸。时或袒裼，去巾帻，露顶跣足，或濯足于渭滨，或采蜡于山泽。

放意所好，口咏玄虚，贫贱自乐，颇得此意。尚想其德，恨不同时！

瞻仰景山，云郁兴起。悲旧游之倏忽，叹人生之须臾。日往月来，暑退寒袭。心惆怅兮感怀，悼嵇生之永辞。寄愁思于琴瑟，诵幽诗以自娱。余音袅袅，不绝如缕。惟古昔以怀今兮，心徘徊以踌躇。

这篇赋作流露出对嵇康、吕安的深深怀念，以及对往昔游宴之欢的无限追思。向秀以琴瑟寄愁思，以幽诗自娱，将那份对挚友的怀念与对人生的感慨，化作一曲悠扬的旋律，飘荡在历史的长河中。所以在《思旧赋》中，我们看到了一个真实的向秀，一个对过往充满怀念，对未来满怀期待的隐士。

德昭古今

秀为此义，读之者无不超然，若已出尘埃而窥绝冥，始了视听之表，有神德玄哲，能遗天下，外万物。虽复使动竞之人顾观所徇，皆怅然自有振拔之情矣。

——刘义庆《世说新语》

【译】向秀撰写这篇文章的用意，是让读者在阅读时无不感到心灵超脱，仿佛已经脱离了尘世的束缚，而窥探到了深远幽渺的境界。让人开始领悟到视听之外的事物，感受到一种神妙、深邃而有哲理的意境。这种意境能够让人遗忘天下，超脱万物，即使让那些追逐名利、竞相争斗的人回头看看自己所追求的东西，也会感到怅然若失，内心不由自主地产生出一种振奋自

向 秀

拔的情感。

秀游讬数贤,萧屑卒岁,都无注述。唯好庄子,聊应崔撰所注,以备遗忘云。

——房玄龄《晋书》

【译】向秀与几位贤士交游,一年到头忙碌而琐碎,没有撰写什么注释或著述。只是特别喜欢《庄子》,于是顺便对崔撰所注的《庄子》做了一些补充和整理,以此来防止遗忘。

读之者超然心悟,莫不自足一时。

——房玄龄《晋书》

【译】阅读他的人(指向秀的诗或文),会感到心灵超脱,恍然大悟,无不感到在一时之间心满意足。

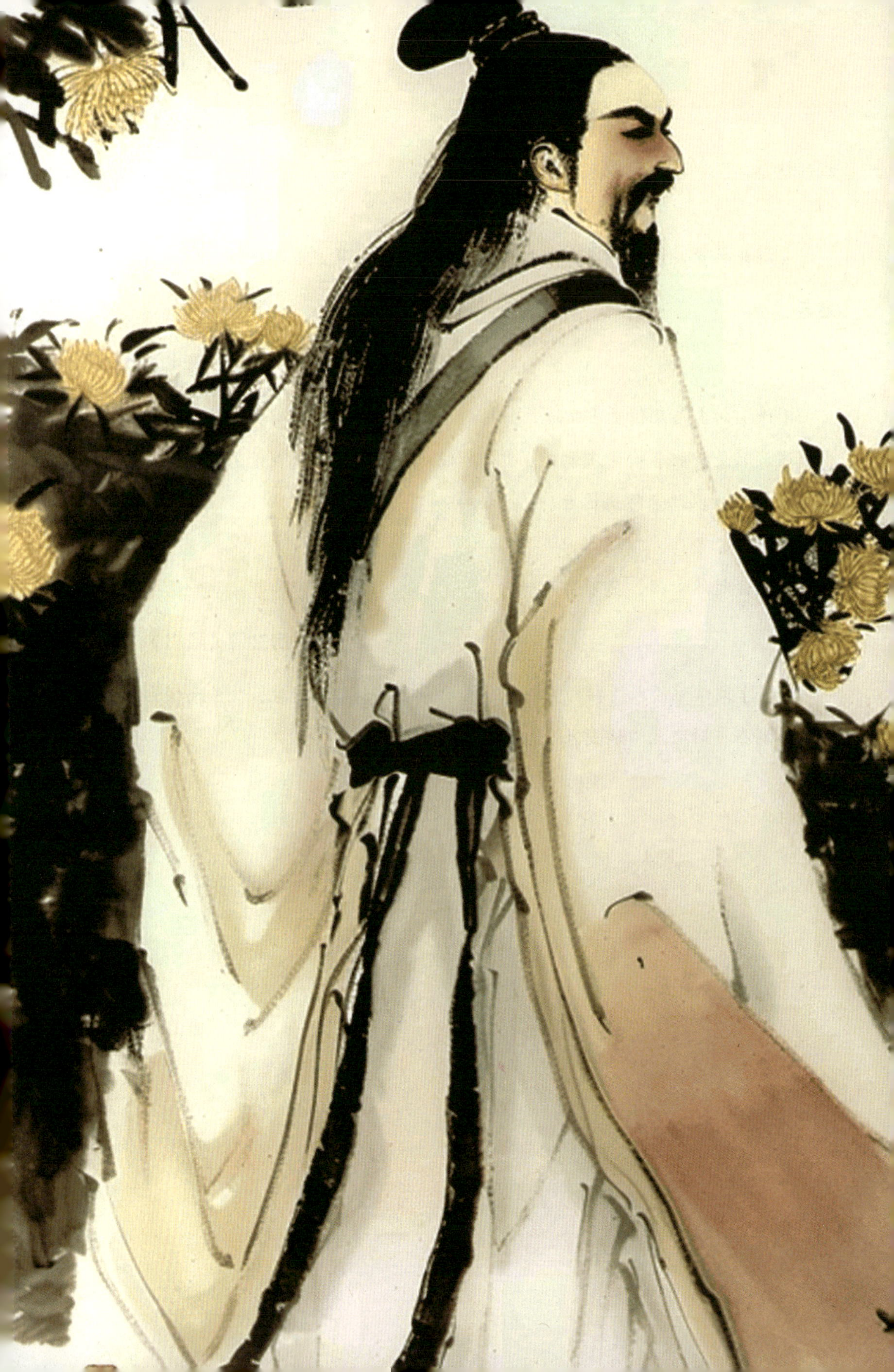

悠然南山，归园田居 —— 陶渊明

他是悠然南山下的耕者，日出而作，日落而息
他是乱世中的一股清流，不慕荣利，独守清贫
他是诗酒里的隐士，以诗寄情，以酒消愁

中国古代隐士

少而颖悟

陶渊明,字元亮,又名潜,浔阳柴桑(今江西九江)人,东晋末至南朝宋初期的著名诗人、辞赋家、散文家。

他自幼修习儒家经典,说自己是总角(总角指未成年时,一般为八岁到十四岁)闻道,少年时期便罕有人事之扰,游心于六经之中,怀揣着"猛志逸四海,骞翮思远翥"的宏大志向。同时,在那个老庄思想盛行的年代,他也深受道家熏陶,性本爱丘山,少无适俗韵,对自然有着无比的热爱。

他爱琴书,少时便学琴习书,偶得闲静,开卷有得便欣然忘食。见树木交荫,时鸟变声,亦感欢然有喜。他常言夏日五六月中,北窗下卧,遇凉风暂至,便自谓是羲皇上人。

泉石旧梦

首次隐居

陶渊明二十九岁那年,踏上了仕途之路,出任了江州祭酒一职。但是这官职的具体事务还未等他完全摸清,便因不堪吏职的烦琐,辞官归家。不久之后,州里又向他抛出了主簿的橄榄枝,但他却婉言谢绝,选择继续在家闲居,享受着宁静自在。

隆安二年(398年),陶渊明加入了桓玄的幕府,开始了新的仕途生涯。两年后,他奉使入都,五月从都城返家途中,在规林遭遇了大风的阻挠,心中对家的渴望和对旧居的怀念油然而生,于是写下了《庚子岁五月从都还阻风规林》一诗。一年后,因母亲离世,他回到浔阳守丧,三年后丁忧期满,他怀揣着"四十无闻,斯不足畏"的信念,再次踏入了仕途,出任了镇军将军刘裕的参军。

陶渊明画像

然而此时陶渊明的心情却异常矛盾。他既想为官一展宏图,却又始终眷念着那片属于他的田园。

在出仕的日子里,他常常目睹着川途的变幻,心中却念念不忘山泽的居所,正如他在《始作镇军参军经曲阿作》中所言:"目倦川途异,心念山泽居。"

义熙元年(405年)三月,陶渊明又转任建威将军刘敬宣的参军,途经钱溪前往都城。途中,他写下了《乙巳岁三月为建威参军使都经钱溪》一诗,诗中他感慨万分:"晨夕看山川,事事悉如昔。"他眷恋着那些依旧存在的品物,感受着那份未曾隔绝的义风。而心中对园田的日日夜夜梦想,让他不禁叹道:"园田日梦想,安得久离析。"此时的他,已经在仕与耕之间动荡了十余年,官宦生活的烦琐与虚伪让他感到厌倦,他内心深处对田园的向往和眷恋,愈发强烈。

归园田居

　　义熙元年（405年）八月，陶渊明踏上了他仕途的最后一站，出任彭泽令。但是命运似乎并不打算让他在这条路上走得太远。仅仅过了三个月，十一月时，当他得知同父异母的程氏妹在武昌逝世的消息，心中悲痛万分，随即写下了那篇广为人知的《祭程氏妹文》。在这篇辞赋中，他表达了对官场的彻底厌倦和对田园生活的无限向往。

　　于是，他解印辞官，踏上了归隐之路，直至生命的终结。此时的陶渊明，政治态度坚定明确，思想也日趋成熟。他不再是以前那个盲目躬耕的田园诗人，而是有意识地选择了这条隐逸之路，并且知道自己为何要这样做。

　　在归隐的日子里，他创作了许多反映田园生活的诗文，如《归园田居》五首、《杂诗》十二首等，这些作品不仅描绘了他宁静淡泊的田园生活，也表达了他对自然和人生的深刻感悟。

　　但是生活并非总是一帆风顺。义熙四年（408年）六月中旬，陶渊明家中不幸遭遇火灾，宅院被毁，他被迫迁居他处。

　　随着时间的流逝，陶渊明的名声也越来越大。义熙十一年（415年），朝廷诏征他为著作佐郎，但他却以病为由拒绝了这一官职。因为官场并非他的归宿，田园才是他心灵的港湾。

　　到了义熙十四年（418年），王弘担任江州刺史时，与陶渊明结下了不解之缘。两人之间流传着许多轶事，如量革履、白衣送酒等。元嘉元年（424年），颜延之出任始安太守时，也与陶渊明结为了好友。他们之间也有着一段有趣的轶事，即颜公付酒钱的故事，这段佳话至今仍被人们传颂。

　　随着时间的流逝，陶渊明的身体也日渐衰弱。元嘉四年，檀道济听闻他的名声，特地前去看望他，并赠以粱肉，劝他出仕。但陶渊明却坚决拒绝了

陶渊明

这一提议,他知道自己的归宿在田园,而非官场。同年,陶渊明在浔阳逝世,他的友人私谥他为"靖节",后世也都尊称他为"陶靖节"。

归去来兮

陶渊明的隐居生活是与田园紧密相连,他写的《饮酒·其五》便是他隐逸生活的真实写照:

> 结庐在人境,而无车马喧。
> 问君何能尔?心远地自偏。
> 采菊东篱下,悠然见南山。
> 山气日夕佳,飞鸟相与还。
> 此中有真意,欲辨已忘言。

在这简短的诗篇中,陶渊明展现了他心归自然的隐士情怀。他虽身处人境,却能远离尘嚣,只因心已远行,寻得一片宁静之地。采菊东篱下,悠然见南山,这不仅仅是生活的描绘,更是他心灵状态的写照。山气日夕佳,飞鸟相与还,自然界的和谐与他内心的平和相呼应,构成了一幅宁静致远的画面。

陶渊明的一生,便是在这份"真意"中度过。他拒绝了官场的繁华与喧嚣,选择了田园的简朴与宁静。他的《归园田居·其一》中言:"少无适俗韵,性本爱丘山。误落尘网中,一去三十年。"这既是对过去生活的回顾,也是对未来归隐生活的坚定选择,因为他明白,真正的归宿不在官场,而在那片他深爱的田园之中。

他的隐逸是一种对生命真谛的追求,在《桃花源记》中,他描绘了一个理想中的世外桃源,那里人们安居乐业,与世无争。这既是他对现实的不满与批判,也是他对理想生活的向往与憧憬。

陶渊明以他的诗篇为笔,以他的生活为墨,书写了一部隐逸生活的史诗。他告诉我们,即使身处纷扰的世界,只要心怀宁静,便能找到属于自己的那片桃花源。所以他的诗篇,如同一股清泉,滋润着后人的心田,让我们在喧嚣的生活中,也能寻得一份宁静与淡泊。

德昭古今

厚秩招累,修名顺欲。确乎群士,超然绝俗。养粹岩阿,销声林曲。激贪止竞,永垂高躅。

——房玄龄《晋书》

【译】权势显赫容易招来祸患,美好的名声往往与内心的欲望相符。那些真正杰出的人士,他们坚定不移,超凡脱俗。他们在山岩间修养纯粹的品性,在林间小径上隐匿声名。他们激励自己摒弃贪婪,制止争斗,永远留下崇高的足迹。

晚岁躬耕不怨贫,只鸡斗酒聚比邻。都无晋宋之间事,自是羲皇以上人。千载后,百篇存,更无一字不清真。若教王谢诸郎在,未抵柴桑陌上尘。

陶渊明

——辛弃疾《鹧鸪天》

【译】晚年时他亲自耕种，从不抱怨贫穷，只用一只鸡、一斗酒就能邀请邻居们欢聚一堂。他的心中完全没有晋宋两朝那些纷扰的世事，仿佛是自上古伏羲、神农以来的高人隐士。千年之后，他的诗篇仍然流传于世，每一字每一句都显得那么质朴、真挚。如果王谢等贵族子弟还在的话，他们也比不上这位隐居在柴桑乡间小路上的高士。

汉、魏古诗，气象混沌，难以句摘，晋以还方有佳句，如渊明"采菊东篱下，悠然见南山"、谢灵运"池塘生春草"之类。谢所以不及陶者，康乐之诗精工，渊明之诗质而自然耳。

——严羽《沧浪诗话》

【译】汉、魏时期的古诗，风格浑融一体，难以从中摘取出单独的佳句。到了晋代以后，才开始出现一些脍炙人口的佳句，比如陶渊明的"采菊东篱下，悠然见南山"，以及谢灵运的"池塘生春草"等。谢灵运的诗之所以比不上陶渊明的，是因为谢诗虽然精巧工整，但陶渊明的诗却质朴而自然。

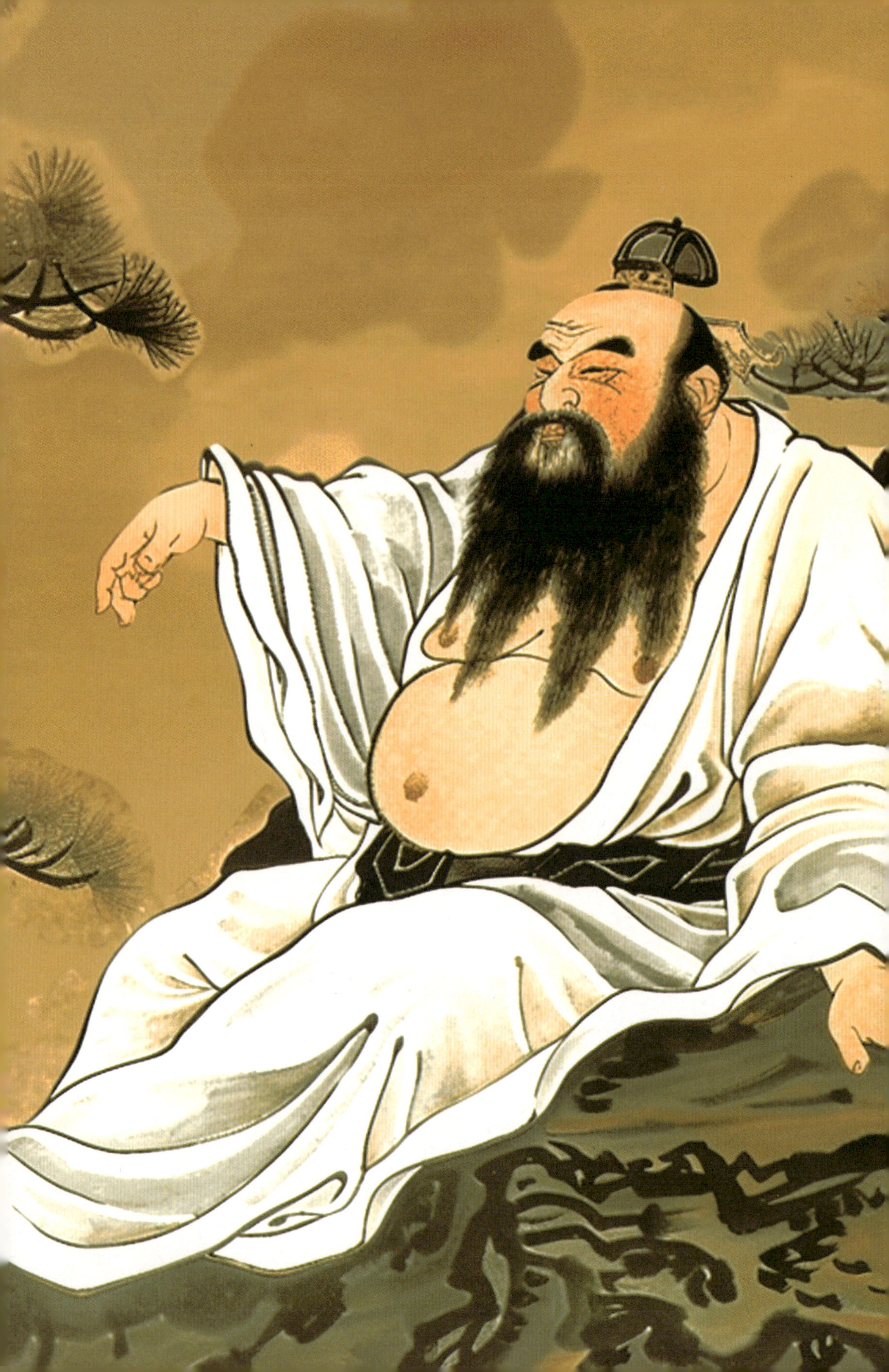

山水诗祖，悠然康乐

——谢灵运

他是东晋名将谢玄的后代

他是山水诗的开创者

他是心向自然，遁迹山林的隐士

少而颖悟

谢灵运生于东晋太元十年（385年），会稽郡始宁县（今浙江省嵊州市三界镇）人。他自幼聪慧过人，深得祖父谢玄看重，被赞为家族中的奇才。

幼年时，谢灵运在钱塘道士杜炅的道馆中寄养，十五岁方回建康，小名"客儿"。他酷爱读书，博览经史，文章写得极好，江南几乎无人能比，堂叔谢混对他尤为喜爱。

晋安帝元兴二年（403年），十八岁的谢灵运继承了祖父的爵位，被封为康乐公，享有两千户的税收待遇，并被朝廷授予员外散骑侍郎之职，但他却拒绝了这一职务。

泉石旧梦

出仕为官

义熙元年（405年），谢灵运踏上了仕途，出任琅邪王司马德文的行参军。他生性喜爱奢侈，车马服饰无不追求华丽新颖，引领了一时风尚，人们称他为谢康乐。几年后，义熙三年（407年），他转投抚军将军刘毅麾下，担任记室参军，随着刘毅的调任，他又成了卫军从事中郎。但是政坛风云变幻，义熙八年（412年），刘毅起兵反刘裕，最终兵败自杀，谢灵运也因此受到波及，被刘裕任命为太尉参军。回京后，他转任秘书丞，但不久便因故被罢免。

义熙十一年（415年），谢灵运的仕途再次有了转机，他转任中书侍郎。次年，刘裕征讨后秦，谢灵运则留在都城，先后担任谘议参军、中书侍郎等职，还曾奉命出使彭城，慰劳军队，并在此期间创作了《撰征赋》。元熙元年（419年），刘裕在彭城建宋国，谢灵运出使归来后仍被重用，升任相国从事中郎、世子左卫率。不过他因擅自处死门生而触犯法律，最终被免除官职。

辞官隐居

420年，刘裕建立了新朝，谢灵运的爵位由康乐公降为了康乐县侯，他虽被任命为散骑常侍，后又转任太子左卫率，但内心却因才华未得重用而愤懑。几年后，宋少帝继位，朝中大权旁落，谢灵运因挑拨离间当权者，被排挤到永嘉任太守。在那里，他沉醉于山水之间，游山玩水成了他生活的常态，治理郡务则被他抛诸脑后。他遍游各县，每次出游常达数天不归，所到之处，皆留下他的诗篇，表达着内心的情感。

在永嘉仅任职一年，谢灵运便以病为由辞官归隐。他回到会稽郡，修建房屋庄园，与隐士们逍遥放纵，以诗为乐。他的诗作传到京城，无论贵贱皆争相传抄，名声大噪。其间，他还撰写了《山居赋》以记述这段生活。

后来，宋文帝登基，诛杀了权臣，谢灵运的堂弟也遭杀害。文帝调任谢灵运为秘书

谢灵运画像

监，虽两次召见，谢灵运却未予理睬。直至文帝派范泰写信称赏，他才应召就任。文帝命他整理书籍，又嘱他撰写《晋书》，虽列出提纲，但终未完成。

谢灵运升任侍中后，深得文帝宠爱，其文章书法皆独步当时。然而，他内心仍渴望参与朝政，却未被文帝所重用。他常与文帝饮酒谈诗，见自己名声爵位在王昙首、王华等人之下，心中不满，便常称病不上朝，只专注于修筑池塘、种植花木。他出游时，常一日行百六七十里，连日不归，既不请示也不请假。文帝欲免其职，又念及颜面，便暗示他主动辞官。谢灵运于是上表称病，皇帝准其休假归乡。临行前，他还上疏劝文帝趁北魏西征之机夺取河北，但文帝并未采纳。

充军被杀

在元嘉年间，谢灵运因性格偏激，常触犯礼法，虽才华横溢，却未得朝廷重用，心中满怀愤懑。他因被诬陷而被贬为临川内史，俸禄却增至两千石，这是皇帝念及他的先祖对国家的功劳，对他的一种补偿。然而谢灵运赴任后，并未收敛性情，依旧我行我素，与在永嘉太守任上时无异，再次引起了朝廷的不满。

司徒得知此事后，派临川王的从事郑望生前去逮捕谢灵运。没想到，谢灵运非但没有束手就擒，反而抓住了郑望生，起兵叛逃，心中萌生了叛逆的念头。他写下诗句："韩亡子房奋，秦帝鲁连耻。本自江海人，忠义感君子。"以表达自己内心的愤慨和不甘。

然而，谢灵运的叛逃并未成功，他很快就被追兵追上并被逮捕，被送到了廷尉那里定罪。

廷尉上奏皇帝，称谢灵运率领部众造反，应处以死刑。但皇帝念及谢灵运的才华，以及他祖父谢玄对国家的功劳，只想免去他的官职而已。然而，彭城王刘义康却坚持认为不应该饶恕谢灵运。

最终皇帝下了一道诏书，宣布谢灵运罪过深重，确实应该判处死刑，但念在他祖父的功劳上，免其死罪，充军广州。谢灵运就这样被流放到了遥远的南方。

元嘉十年（433年），秦郡府将宗齐受在涂口途经桃墟村时，发现有几个形迹可疑的人在路边窃窃私语。他怀疑这些人不是好人，于是回来告诉郡县长官。长官立即派兵随同宗齐受前去抓捕。经过一番搏斗，他们终于将这些人全部捉住，并投入了监狱。

其中一人名叫赵钦，是山阴县人。他交代说，本村人薛道双曾与谢灵运共事。去年九月初，薛道双通过本村人成国告诉他，谢灵运给了他们钱财，让他们购买武器，结交乡里的健儿勇士，计划在三江口劫救谢灵运。如果成功，大家功劳都一样。于是，他们集合众人准备劫救谢灵运，但最终未能成功。回来后，因为饥饿难耐，他们只好沿路打劫。

有关部门得知此事后，再次上奏皇帝，要求按律逮捕谢灵运。皇帝下诏书，命令在广州将谢灵运就地正法。就这样，一代才子谢灵运在年仅四十九岁时，结束了自己的一生。

寄情山水

谢灵运是位才华横溢却命运多舛的文人，他的一生如同他笔下的山水诗，跌宕起伏。他的性格偏激，不羁世俗，常因触犯礼法而遭贬谪，但正是这份不羁，成就了他独特的文学风格。在他的作品中，《登池上楼》便是一首极具代表性的诗篇：

　　　　潜虬媚幽姿，飞鸿响远音。薄霄愧云浮，栖川怍渊沉。
　　　　进德智所拙，退耕力不任。徇禄反穷海，卧疴对空林。
　　　　衾枕昧节候，褰开暂窥临。倾耳聆波澜，举目眺岖嵚。
　　　　初景革绪风，新阳改故阴。池塘生春草，园柳变鸣禽。

　　此诗描绘了他病卧空林，聆听波澜，举目眺望崎岖山景的情景，同时也表达了他对仕途的无奈与对自然的向往。谢灵运的一生仿佛就在这种对仕途的挣扎与对自然的热爱中度过。他渴望被重用，却屡遭贬谪；他热爱自然，却身不由己地卷入政治旋涡。他的叛逆，不仅仅是对世俗的反抗，更是对内心追求的坚持。他选择隐居，也不是逃避，而是对另一种生活方式的追求。

　　在他的笔下，山水不仅仅是自然的景致，更是他心灵的寄托。他游山玩水，吟诗作赋，将内心的情感倾注于山水之间，成就了一篇篇流传千古的佳作。他的隐逸生活，并非完全脱离尘世，而是在尘世中寻找一片属于自己的净土。

　　最终谢灵运以悲剧收场，但他的文学成就却永远留在了人们的心中。他以自己的方式，诠释了隐士的情怀与追求，让后人在品读他的作品时，也能感受到那份对自然的热爱与对内心的坚守。

德昭古今

　　才高词盛，富艳难踪。固已含跨刘、郭，凌轹潘、左。故知陈思为建安之杰，公干、仲宣为辅；陆机为太康之英，安仁、景阳为辅；谢客为元嘉之

谢灵运

雄，颜延年为辅。斯皆五言之冠冕，文辞之命世也。

——钟嵘《诗品》

【译】他的才华横溢，文辞丰富华美，难以追踪比拟。确实已经超越了刘桢、郭璞，凌驾于潘岳、左思之上。因此我们知道，曹植是建安时期的杰出代表，刘桢、王粲是他的辅翼；陆机是太康时期的英才，潘岳、张载是他的辅弼；谢灵运是元嘉时期的雄才，颜延之是他的辅佐。这些都是五言诗的佼佼者，是文辞方面的盖世之才。

又时有效谢康乐、裴鸿胪文者，亦颇有惑焉！何者？谢客吐言天拔，出于自然；时有不拘，是其糟粕！

——萧纲《与湘东王书》

【译】又有时有人模仿谢灵运（谢康乐）、裴子野（这里原文中的"裴鸿胪"可能是对某人的误称或特定称谓，但按常规理解，以裴子野为代表，因他亦是文人，且以文采著称，此处为意译）的文章，也颇让人感到困惑！为什么呢？谢灵运的言辞自然流畅，出自天性；但有时他也不受拘束，那些不受拘束的部分就是他的糟粕！

至若开辟翰苑，扫荡文场，得宫商之正律，受山川之杰气。虽陆平原、曹子建，足可以车载斗量；谢灵运、潘安仁，足可以膝行肘步。

——王勃《山亭思友人序》

【译】至于开辟文坛，清扫文场，掌握诗文音律的正确法则，汲取山川的灵秀之气，即便是陆机（陆平原）、曹植（曹子建）这样的人才，也多得可以用车载斗量来形容；谢灵运、潘岳（潘安仁）这样的人物，也多得可以让他们跪着走、用肘前行。

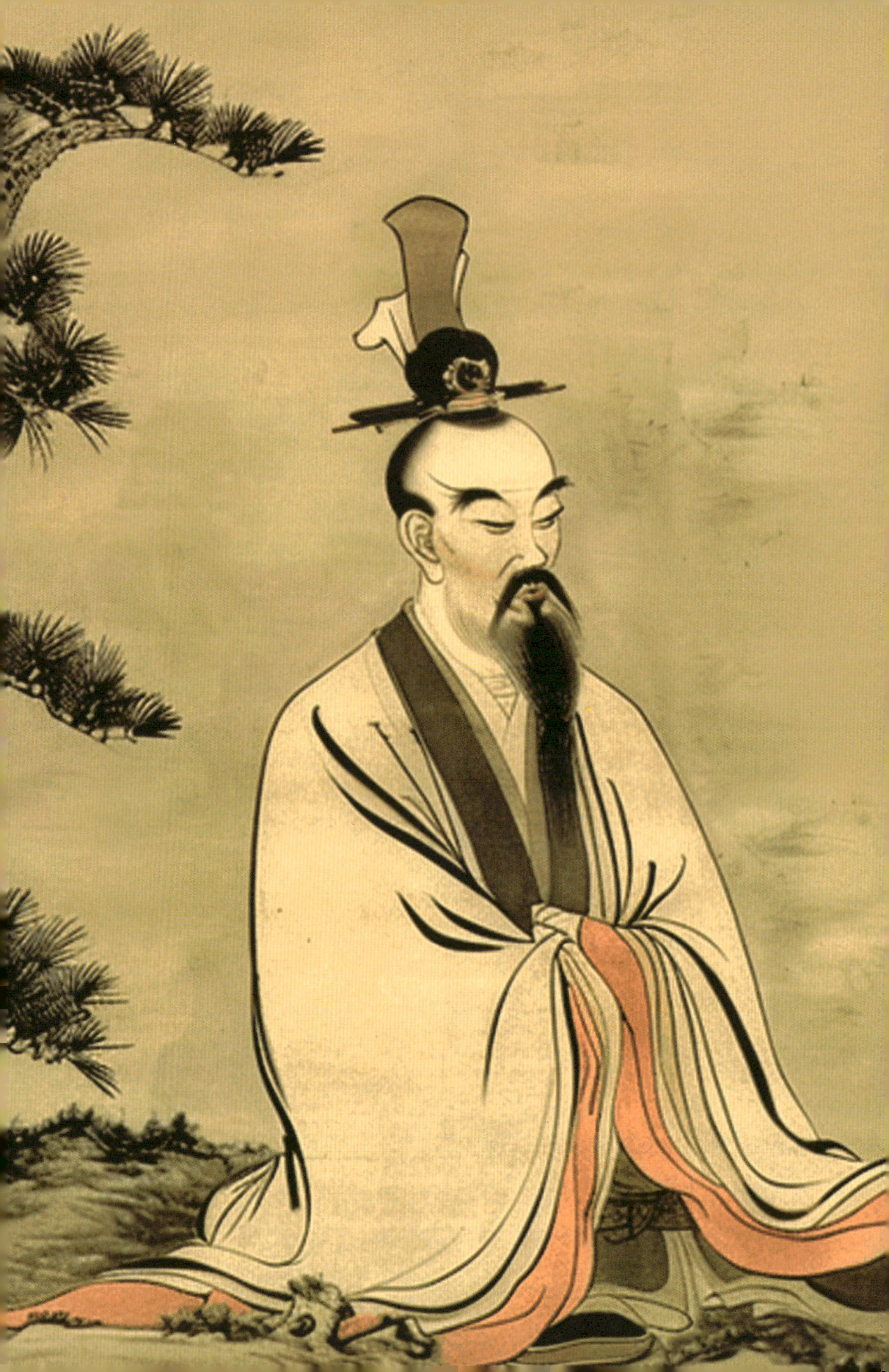

隐居华阳,山中宰相

——陶弘景

他是道教思想的集大成者
他是山水之间的悠然隐士
他是帝王身边的幕后高参

中国古代隐士

少而颖悟

陶弘景（456年—536年），字通明，自号华阳隐居，谥号贞白先生，南朝齐、梁时期著名的道教学者、炼丹家、医药学家，丹阳秣陵（今江苏省南京市）人。他出身于南朝士族家庭，自幼便对道教文化有着浓厚的兴趣。

十岁那年，陶弘景读到了《神仙传》，书中描绘的仙境与仙人的生活让他心生向往，从此立下了养生的志向。十五岁时，他更是作了一篇《寻山志》，表达了自己对隐逸生活的倾慕和追求。到了二十岁，陶弘景的才华得到了齐高帝的赏识，被引为诸王侍读，后来又被拜为左卫殿中将军。

泉石旧梦

游历隐居

在三十岁左右的年纪，陶弘景拜道士孙游岳为师，悉心学习符图、经法及诰诀等道教秘籍。此后，踏上遍游名山大川的旅程，四处寻觅仙药与真经，渴望探寻道法的真谛。南齐永明六年（488年），他于茅山有幸获得杨羲、许谧两位前辈的真迹手书，如获至宝。

陶弘景

两年后的永明八年，陶弘景到东行各地，拜访众多居士与法师，交流道法心得，拓宽自己的修行视野。永明十年辞去朝廷的俸禄，选择隐居在句容句曲山（今江苏茅山），在那里传承上清大洞经箓，开创了道教茅山宗一派。梁武帝登基后，多次遣使礼聘他出山辅政，但他始终坚守初心，未曾应召。朝廷每遇大事，常会派人前往咨询他的意见，平时书信往来也颇为频繁，他因此被时人尊称为"山中宰相"。

创立茅山宗

陶弘景在茅山，正式成为上清道士，并致力于弘扬上清经法，之后他埋首书斋，撰写了大量道书，其中尤为重要的是《真诰》一书。这部著作系统叙述了上清经的传授历史，将上清经的来源和出世描绘得神乎其神。

陶弘景在茅山期间，不仅传授上清经法，还倾注了大量心血去弘扬它。由于他学识渊博，名气极大，朝野上下都有众多信仰者。在他的努力下，茅山逐渐成为上清派的中心。继陶弘景之后，茅山的历代传人也都是学识渊博、名声显赫的上清道士，他们共同维护了茅山在上清派中的中心地位。

陶弘景还编订了道教的首部神仙谱系《真灵位业图》，其中收录了天神、地祇、人鬼以及众多仙真，共计约3000名，分为7个等级。这一谱系的编订，为道教的神仙体系奠定了坚实基础。就这样，陶弘景以其卓越的贡献，被尊为茅山宗的创始人。

陶弘景画像

茅山派在他的开创下，历经隋、唐，直至两宋，始终人才辈出，在道教诸派别中占据着举足轻重的地位。

山中宰相

陶弘景淡泊名利，超然物外。他选择隐居茅山，远离尘嚣，与山水为伴，与道法为伍。他的一生，是追求内心宁静与自由的一生，是探寻道教真谛与弘扬道法的一生。他的这种性格，使得他能够在纷扰的世俗中保持一份清醒与独立，也使得他的作品充满了深邃与睿智。

陶弘景的《真诰》无疑是他隐士生涯的杰出代表。全文虽长，但在此摘取其核心思想以飨读者：

夫真道者，至简至易，非有烦难……是以道士志学，山居隐静，专精至道，不营世务……

此段文字道出了陶弘景对道法的理解，也体现了他作为隐士的修行理念。他强调道法的至简至易，倡导山居隐静，专精至道，不营世务，这正是隐士精神的精髓所在。

总结陶弘景的一生，他以山为家，以道为伴，用一生的时间和精力去探寻道教的真谛，去弘扬道法的精神。他的作品，如《真诰》和《真灵位业图》，不仅是他隐士生涯的见证，也是道教文化的瑰宝。他的一生，我们看到了隐士的淡泊与超然，也看到了道教大师的学识与贡献。也同样激励着后世之人去追求内心的宁静与自由，去探寻生命的真谛与意义。

德昭古今

读书万余卷。善琴棋,工草隶。未弱冠,齐高帝作相,引为诸王侍读,除奉朝请。

——姚察《梁书·陶弘景传》

【译】他读书超过万卷,擅长弹琴下棋,精通草书和隶书。还不到二十岁的时候,齐高帝担任宰相,征召他做诸王的侍读,并授予他奉朝请的官职。

性好著述,尚奇异,顾惜光景,老而弥笃。

——姚察《梁书·陶弘景传》

【译】(陶弘景)生性爱好著述,追求奇特新颖,珍惜时光,年老时这种爱好更加深厚。

善辟谷导引之法,年逾八十而有壮容。深慕张良之为人,云"古贤莫比"。

——姚察《梁书·陶弘景传》

【译】他擅长辟谷和导引的方法,年纪超过八十岁却仍有壮年的容颜。他非常仰慕张良的为人,说"古代的贤人没有人能比得上他"。

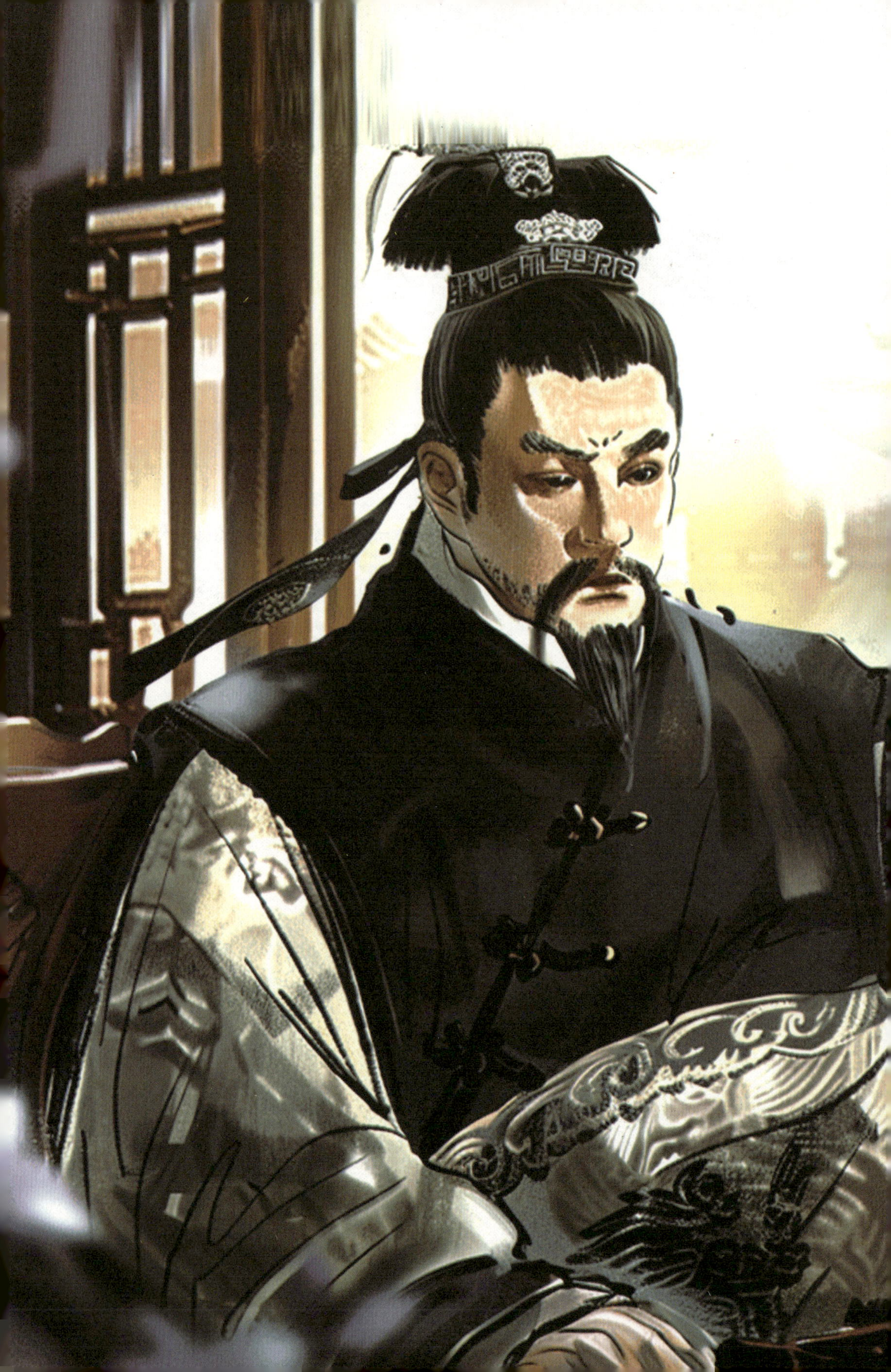

仕隐卢生，由隐入仕

——卢藏用

他是唐代文坛的才子佳人
他是仕途与隐逸间的游走者
他是终南捷径的践行者与见证人

中国古代隐士

少而颖悟

卢藏用，字子潜，生于唐高宗时期，幽州范阳人，成长于五姓七望的范阳卢氏，自幼便对儒家经典有着深厚的造诣。他性格中既有文人的清高与傲骨，又不乏对仕途的渴望与追求。这样的性格特质，注定了他一生将在仕与隐之间徘徊不定。

泉石旧梦

借隐谋官

卢藏用因为出身名门范阳卢氏，并且家族中叔祖卢承庆曾官至度支尚书，他本人亦是当时文坛上崭露头角的青年才俊，琴棋书法样样精通，被誉为"多能之士"。凭借着过人的才华，他轻松考中进士，但是他的仕途之路却并非一帆风顺。

考中进士后，卢藏用满心期待能一展抱负，却不料迟迟得不到吏部官员的青睐，官职一直未能安排下来。心中的郁闷与不甘如潮水般涌来，他挥笔写下《芳草赋》，字里行间透露着对现状的不满与无奈，随后他便决定隐居

卢藏用

终南山。

　　终南山中，卢藏用与道士们为伍，学习道术，还练就了一身辟谷的绝技。但是他的内心并未真正归隐，胸怀大志的他，始终在寻找着下山入官的机会。因为在当时的社会，隐士往往被视为淡泊名利、道德高尚之人，所以他选择了这条看似曲折实则直接的入官之路。

　　卢藏用的隐居生活并非完全与世隔绝。他时刻关注着朝廷的动向，皇帝在长安办公，他便在终南山中静待时机；皇帝移驾洛阳，他便紧随其后，跑到嵩山继续他的"隐居"生涯。因此，他得了个"随驾隐士"的绰号，这一举动也让他在众多隐士中显得格外独特。终于卢藏用的苦心没有白费，武则天得知了他的存在，对他产生了兴趣，于是将他请出山林，授予左拾遗一职。虽然左拾遗只是八品小官，比县令还低了一级，但因其职位特殊，能常在天子身边工作，因此被视为清望之官，升官的机会也多。卢藏用抓住机遇，凭借自己的才华和努力，不出几年便升任吏部侍郎，实现了自己的仕途梦想。

卢藏用画像

终南捷径

　　卢藏用进入仕途的方法区别于寻常的科举跟察举，而是用隐居的方式给自己创造名声，但是在山中卢藏用并非完全与世隔绝。他与道士们交流道

117

术，探讨人生哲理，也时常关注着朝廷的动向。卢藏用抓住机遇，凭借自己的才华和努力，在官场上步步高升。

卢藏用的隐士生涯，并非真正的归隐山林，而是他仕途之路上的一段特殊经历。他用智慧和谋略，在山中赢得了名声和机会，最终成功步入官场，实现了自己的仕途梦想。虽然不同于其他的隐士隐居以明志，但是也足够成为后世文人墨客津津乐道的话题。

德昭古今

藏用性无挺特，多为权要所逼，颇踬公道。

——刘昫《旧唐书》

【译】卢藏用性格不够刚强特出，经常被权要之人逼迫，在很大程度上损害了公道。

藏用工篆隶，好琴棋，当时称为多能之士。少与陈子昂、赵贞固友善，二人并早卒，藏用厚抚其子，为时所称。

——刘昫《旧唐书》

【译】卢藏用擅长篆书和隶书，还喜爱弹琴下棋，在当时被人们称为多才多艺的人。他年轻时与陈子昂、赵贞固交情很好，这两人都早年去世，卢藏用深切地抚恤他们的儿子，被当时的人所称赞。

卢藏用

及登朝，赵趄诡佞，专事权贵，奢靡淫纵，以此获讥于世。

——刘昫《旧唐书》

【译】等到他进入朝廷做官后，却变得犹豫不决、狡猾谄媚，专门巴结权贵，生活奢侈糜烂、放纵无度，因此受到世人的讥讽。

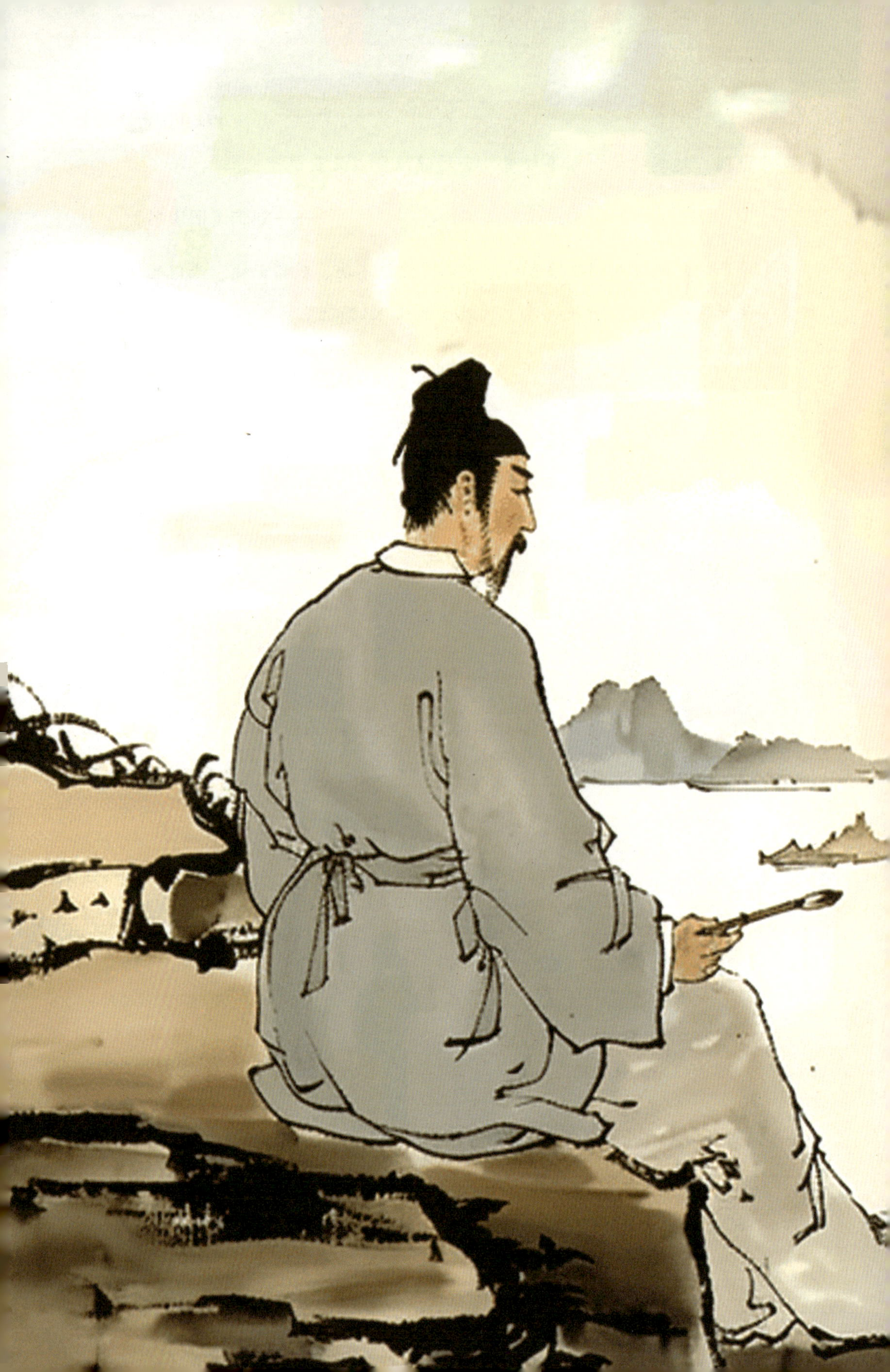

吟游山水，诗隐襄阳

——孟浩然

他是襄阳山水的钟情之子，以诗笔勾勒田园风光
他是隐逸生活的忠实信徒，以心境融汇自然哲理
他是唐代诗坛的隐逸大师，以篇章彰显淡泊之志

中国古代隐士

少而颖悟

孟浩然，字浩然，号孟山人，生于唐高宗永淳元年（680年）左右，襄阳（今属湖北）人。圣历元年（698年），他与弟弟一同读书学剑，奠定了良好的文化基础。景龙二年（708年），年仅20岁的孟浩然游历鹿门山，并作《题鹿门山》诗，此诗标志着他独特诗风的基本形成。三年后的景云二年（711年），23岁的孟浩然与友人张子容一同隐居于鹿门山，过着淡泊宁静的隐逸生活。先天元年（712年）冬天，他送别张子容应考进士，并作诗《送张子容进士举》。此后孟浩然辞别亲人，远行漫游长江流域，广结朋友，拜访公卿名流，寻求进身之机会。

泉石旧梦

屡次不仕

年轻时候的孟浩然曾游历至洞庭湖畔，抱着对仕途的热忱，决定去拜谒当时权倾一时的重臣张说。在岳阳楼上，他挥毫泼墨写下了《望洞庭湖赠张丞相》一诗，流露出对仕途的渴望和对张说的敬仰。但是命运并未如他所愿，这次尝试最终没有结果，他只能带着失落的心情回到家中。

在家中，孟浩然以诗抒怀，慨叹自己的清贫与失意。他常常望着远方，心中渴望着有人能向皇帝引荐自己，让他的才华得以施展。只是日子一天天过去，他的愿望却始终未能实现。

之后的暮春时节，孟浩然尽管身患疾病，但仍不忘与好友的情谊。他作诗赠予好友张子容，表达了对友情的珍视和对生活的感慨。重阳之日，他与友人贾昪一同登上岘山，诗酒相伴，唱和其间。在那一刻，他仿佛忘记了世间的烦恼，只沉浸在与友人的欢聚之中。

又过了几年，孟浩然已经步入中年。此时，韩思复任襄州刺史，卢馔为襄阳令。两人都与孟浩然志趣相投，成了他的忘形之交。他们常常一起谈论诗书、畅谈人生，让孟浩然感受到了久违的温暖和关怀。在得知玄宗在洛阳的消息后，孟浩然决定前往求仕。只是在洛阳滞留了许久，他却依旧一无所获。心中的失落与无奈让他更加坚定了对隐逸生活的向往。

到了夏秋之交的时候，孟浩然在维扬一带偶遇了李白。两人一见如故，相谈甚欢。他们一起游历山水、吟诗作画，结下了深厚的友谊。李白的豪放不羁和才华横溢让孟浩然深感敬佩，也让他更加坚定了自己的诗歌信念，终于，孟浩然决定踏上前往长安的路途。

隐居山水

孟浩然在长安的繁华与失意中徘徊许久后，终于决定踏上一段辗转的旅程。他告别了那座令他既向往又心寒的都城，先是在襄阳与洛阳之间悠然。

夏日炎炎，他游历至吴越之地，与曹三御史一同泛舟太湖之上。波光粼粼的湖面，映照着他们畅谈的身影。曹三御史有意举荐他入仕，但孟浩然只是淡淡一笑，以诗婉言谢绝。他更向往的是那自由不羁的隐逸生活，是山水间的宁静与悠远。

次年,他继续游历江南,穿梭于名山古刹之间。每一座山,每一座庙,都仿佛是他心灵的慰藉,让他忘却世间的纷扰。在越州,他留下了赠谢甫池的诗篇,表达了对农事的关切之情。也继续与好友们相聚作诗,享受着宁静与惬意,仿佛时间都在这一刻凝固。

不过命运的轮盘并未因他的逃避而停止转动。他还是踏上了前往长安的求仕之路。那条路,他曾走过,曾满怀希望,也曾心灰意冷。但这一次他再次未能入仕。心灰意冷的他,选择了回归襄阳,那里有着他熟悉的山水和田园,也有着他心灵的归宿。

不久后,韩朝宗接任襄州刺史,他对孟浩然的才华极为欣赏,特地邀请他参加饮宴,并承诺向朝廷推荐他。

但孟浩然却犹豫了,他回想起自己曾上京干谒却未果的经历,心中不禁泛起一丝苦涩。不过他最终没有按照约定赴京,而是选择了东游越剡,去寻找另一片属于他的天地。

在途经江夏时,他与李白再次相遇于黄鹤楼。两位诗人把酒言欢,畅谈人生。李白深知孟浩然的志趣与抱负,也理解他选择隐逸的决定。在孟浩然即将启程之际,李白挥毫泼墨,创作了《黄鹤楼送孟浩然之广陵》一诗,以替其送行。诗中有着对友人的不舍,也有着对孟浩然选择的尊重与理解。孟浩然带着这份深厚的情谊,踏上了新的旅程,去寻找那片属于他的自由与宁静。

南园一梦

开元二十五年(737年),张九龄出任荆州长史,他知道孟浩然的才华,便招致其入幕府。然而孟浩然虽身在幕府,心里想着的还是那自由的山水之间，不久便又回到了他的故居。

次年，孟浩然在荆州一带四处游历，欣赏着那里的风土人情。夏日炎炎，不幸却悄然降临，孟浩然患上了背疽，只得卧病于襄阳家中。这一病，便是许久，其间，好友们纷纷前来探望，为他带来慰藉与关怀。

转眼到了开元二十八年（740年）。这一年，王昌龄北归途中经过襄阳，特地前来拜访孟浩然。两位老友相见，自然是欢喜异常。此时，孟浩然背上的毒疮已近痊愈，但因久别重逢，心情大好，便纵情宴饮。谁料，这欢愉之时却成了悲剧的开端，孟浩然因食鲜疾发，最终不幸逝世，而最好的孟浩然也永远地留在了他最爱的南园。

孟浩然画像

诗记田园

孟浩然一生热爱自然，所以这份情怀也融入了他的诗作之中。他的《过故人庄》便是一首典范之作：

> 故人具鸡黍，邀我至田家。
> 绿树村边合，青山郭外斜。
> 开轩面场圃，把酒话桑麻。
> 待到重阳日，还来就菊花。

此诗简洁明快，却饱含深情。孟浩然受邀至友人田家，所见皆是自然之景，绿树环绕村庄，青山在城郭外隐隐斜倚。开窗正对着菜园农田，两人举杯共饮，聊着桑麻农事。约定重阳之日，再来此地赏菊。这字里行间，流露出的是孟浩然对田园生活的向往与热爱，以及他与友人之间淳朴真挚的情谊。

他的另一首《宿建德江》，同样体现了其隐逸之心与对自然的感悟：

移舟泊烟渚，日暮客愁新。

野旷天低树，江清月近人。

夜幕降临，孟浩然将小舟停泊在烟雾迷蒙的小洲旁，心中涌起新的客愁。举目四望，原野空旷，天空仿佛比树木还要低矮；江水清澈，明月映在水中，与人如此亲近。这景这情，正是孟浩然隐逸生活的写照，他在自然中寻找心灵的慰藉，与天地万物融为一体。

孟浩然的一生，虽曾数次尝试求仕，但终因性格使然，无法适应官场的繁文缛节，最终选择回归自然，成为一位真正的隐士。他的诗，如同他的人生，淡泊而清新，没有华丽的辞藻，却自有一股打动人心的力量。

孟浩然的诗是他人生的写照，也是他隐逸情怀的抒发。他以笔为舟，以诗为桨，荡漾在自然的碧波之上，留下了一篇篇脍炙人口的佳作，让后人在品读中，也能感受到那份宁静。他的隐逸，不仅是一种生活选择，更是一种精神追求，一种对自然、对生命最真挚的热爱。

德昭古今

浩然诗，文采丰茸，经纬绵密，半遵雅调，全削凡体。

——殷璠《河岳英灵集》

孟浩然

【译】浩然之诗,文采斐然,如盛器之丰盈;结构严谨,条理清晰,犹如织物之经纬细密。其诗半遵高雅之格调,全然摒弃凡俗之体裁。

骨貌淑清,风神散朗;救患释纷,以立义表;灌蔬艺竹,以全高尚。

——王士源《孟浩然集序》

【译】骨骼相貌清秀俊逸,风度神采洒脱爽朗;解救患难,化解纷争,以此树立道义的榜样;浇灌蔬菜,种植竹子,以此保全自己的高尚情操。

故处士孟浩然,文质杰美,殒落岁久,门裔陵迟,丘陇颓没,永怀若人,行路慨然。前公欲更筑大墓,阖州缙绅,闻风竦动。而今外迫军旅,内劳宾客,牵耗岁时,或有未遑。诚令好事者乘而有之,负公夙志矣。

——欧阳修、宋祁、范镇、吕夏卿《新唐书》

【译】隐士孟浩然,他文采与品质都杰出美好,但已经去世多年了。他的家族后代日渐衰落,坟墓也塌陷湮没。每当想起这位杰出的人物,行路之人都会感慨不已。之前您(指某位官员或尊者)打算为他重新修筑一座大墓,全州的士绅们听到这个消息都肃然起敬,深受感动。然而现在,外有军旅之事的紧迫,内有宾客应酬的劳累,时间精力都被牵扯消耗,或许还没有来得及顾及此事。如果真的让那些热心此事的人抢先一步去做了,那就辜负了您一直以来的心愿啊。

图右:寒山子

唐代诗僧,隐居天台 ——寒山子

他是唐代诗坛的一股清流,以诗寄情,超然物外

他是山林间的独行客,远离尘嚣,寻觅真我

他是后世文人心中的传奇,寒山一啸,留名千古

少而颖悟

寒山,生卒年不详,字、号均未流传下来,长安(今陕西西安)人士。据《隋书》等史料与寒山诗作相互印证,他实为隋皇室后裔,乃杨瓒之子杨温。因在皇室内遭受妒忌与排挤,加之深受佛教思想影响,选择遁入空门,远离尘嚣。

泉石旧梦

寒山自述

寒山的生平都由他自己记载在他的诗中,他曾自述少年时光:"寻思少年日,游猎向平陵……联翩骑白马,喝兔放苍鹰。"那时的他,是长安城里一位富家子弟,生活优渥,无忧无虑。

到了青年时期,寒山遵循着文人的传统道路,进京参加科举考试,满怀壮志想要一展才华。命运却跟他开了一个玩笑。唐代选官有四项标准:身材、言辞、书法、文章,寒山在书法和文章上颇有造诣,却因身材不够高大以及相貌不够出众而落选。这大唐科举的唯美与非人性标准,让他错失了入

寒山子

仕的机会，也给他留下了遗憾。

多次落选后，寒山无颜回乡，只能滞留在京城，成了一个流浪书生。他囊中羞涩，只有满腹经纶相伴，行走在朱雀街上，踏破了皮鞋底，却找不到一丝前程的希望。兄弟们的责怪、妻子的冷漠，让他在人世间感受到了世态的炎凉。整个世界仿佛都坍塌了，他的人生陷入了绝境。

寒山子画像

带着一身的伤痛和记忆，寒山开始了浪游天下的旅程。他走过了无数的山川河流，见证了人间的悲欢离合，却始终找不到属于自己的归宿。最终在三十岁以后，他被迫走上了一条与一般文人截然不同的生活道路，就是隐居山林。他选择了天台山寒岩作为自己的栖息地，自号"寒山子"，从此与山林为伴，过上了隐居的生活。

隐居天台山

寒山的隐居修行地是在台州天台山,他不是寺的正式僧侣,亦非桐柏观的册封道士,心中有道,禅意自存,他的"道场"无定,或许可以说那寒风凛冽中的寒岩石洞便是他偶尔栖身之所。寒山常年在林间山野游荡,以天地为庐,以大自然为修行的广阔舞台,这份豁达成就了他在天台山的圣名,与丰干禅师、拾得菩萨并称为"天台三圣"。

历史典籍中,寒山的行迹若隐若现,唐宋之后,东渡而来的日本僧人也留下了关于他的珍贵记录。

公元1015年,一位名叫念救的日本僧人远赴天台,慷慨解囊助建国清寺三贤堂。数十年后的1072年,日本天台宗高僧成寻慕名而来,参谒三贤堂,并在其游记中描绘了午时参礼的庄严

寒山拾得石刻像(图右:寒山子)

寒山子

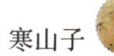

场景，提及寒山、拾得与丰干禅师，以及禅师旁悠然自卧的老虎，这一幕后来被中日画家演绎成"四睡图"的传奇。

传说中，台州刺史闾丘胤曾求教于丰干禅师，被指引去找寒山与拾得。当刺史找到正在谈禅论道的二人时，表明来意，却反被二人戏言丰干多事，随即二人携破画卷、破扇子，踉跄出门，转瞬即逝。刺史惊愕之余，返回寻丰干，只见房内空无一人，唯有一虎酣睡，这便是"四睡图"故事的由来，充满了禅机与玄妙，让人回味无穷。

天台诗佛

寒山的性格中，既有超脱尘俗的淡然，又有对世态人情的深刻洞察。他的诗作，便是他心灵的镜像，映照出他那一颗不为世俗所羁的心。

《杳杳寒山道》便是寒山作品中的一篇佳作，他在诗中写道：

> 杳杳寒山道，落落冷涧滨。
> 啾啾常有鸟，寂寂更无人。
> 淅淅风吹面，纷纷雪积身。
> 朝朝不见日，岁岁不知春。

这首诗中，寒山以寒山道为背景，描绘了一幅孤寂而清冷的画面。杳杳的山道，落落的冷涧，啾啾的鸟鸣，寂寂的无人，淅淅的风吹，纷纷的雪落，朝朝不见日，岁岁不知春。这既是他隐居生活的真实写照，也是他内心世界的深刻反映。

133

他超然物外，不问世事，与山林为伴，与日月为伍，享受着那份宁静与淡泊。

寒山的诗作，透露出他对尘世的超脱和对自然的热爱。他不受世俗名利的束缚，不追求功名利禄，只愿在山林间寻得一份心灵的宁静。

正是他的这种隐士情怀，诠释了什么是真正的超脱与淡泊，他的生活虽然简朴，但他的精神世界却异常丰富。

在寒山的身上，我们看到了对自然的敬畏、对生活的热爱、对心灵的追求，这些品质，也同样是隐士精神的真谛所在。

德昭古今

天台始丰县西七十里寒岩幽窟中，时来国清寺。布襦零落，面貌枯瘁，言行若疯狂，好吟诗偈，皆表现佛教宗旨。与拾得友善。因丰干禅师谓其为文殊菩萨化身，太守闾丘胤入寺拜求，乃与拾得缩身入岩石穴缝中，石穴"抿然而合，杳无踪迹"。

——赞宁《宋高僧传》

【译】寒山子隐居在天台县的始丰县西边七十里处的寒岩幽深洞穴中，他时常来到国清寺。他穿着的布衣破烂零落，面貌憔悴枯瘦，言行举止似乎有些疯狂，喜欢吟诵诗作和偈语，这些都表现着佛教的宗旨。他与拾得关系友善。因为丰干禅师说他是文殊菩萨的化身，太守闾丘胤来到寺庙恭敬地拜见并寻求他，但他却和拾得一起缩身钻进了岩石的洞穴缝隙中，岩石洞穴

寒山子

"随即闭合,杳无踪迹"。

寒山子者,不知其名氏。大历中,隐居天台翠屏山。其山深邃,当暑有雪,亦名雪岩,因自号寒山子。好为诗,每得一篇一句,辄题于树间石上。

——李昉《太平广记》

【译】寒山子,不知道他的姓名和字号。在大历年间,他隐居在天台的翠屏山。那座山非常深邃,即使在夏天也有积雪,因此也被称为雪岩,于是他便自称为寒山子。他热爱作诗,每当创作出一篇或一句诗,就会题写在树间或石头上。

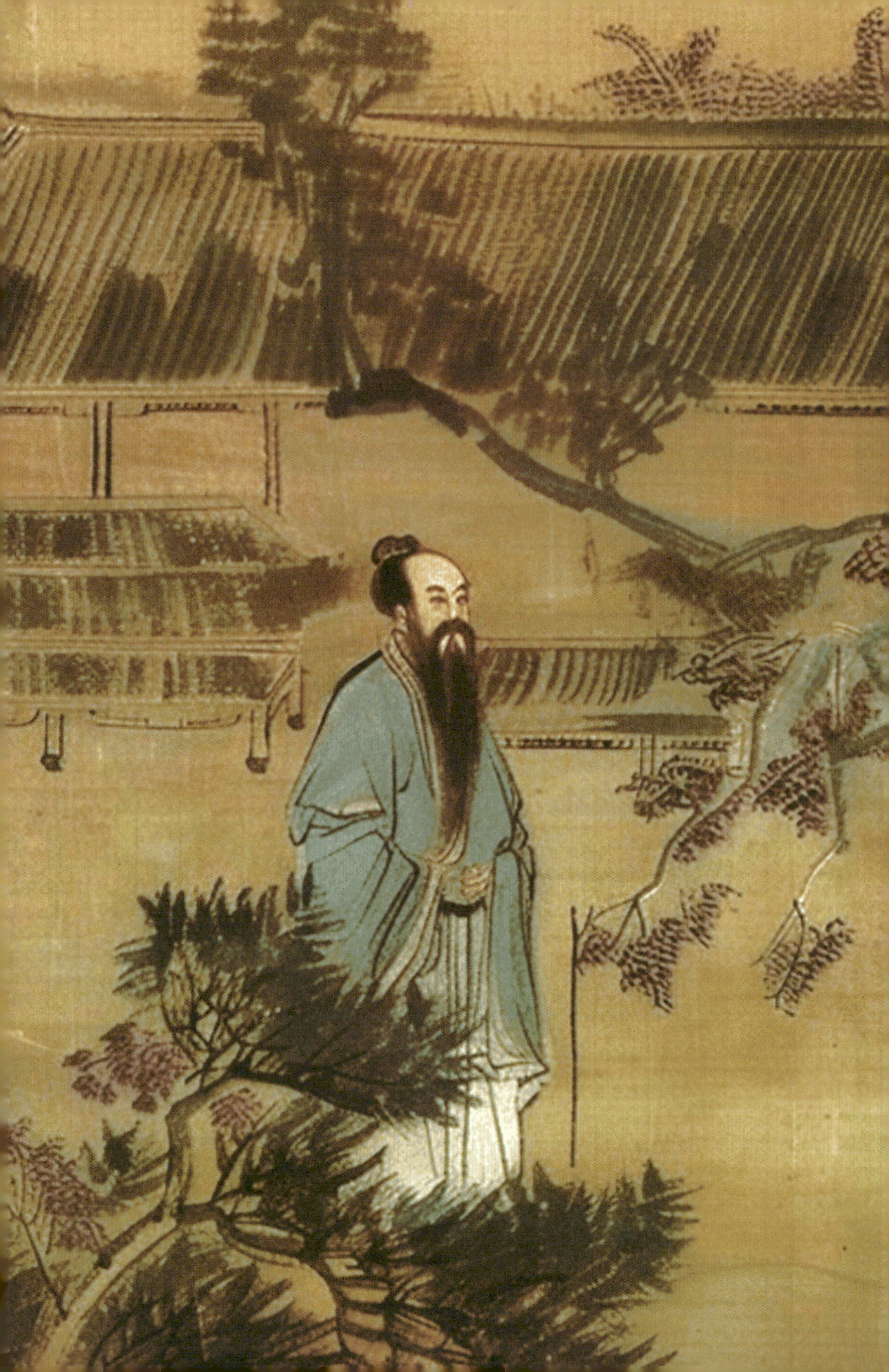

大唐诗佛,别业辋川——王维

他是盛唐诗坛的璀璨明星,以山水田园诗闻名于世

他是佛学修养深厚的文人,诗中常含禅意,被誉为「诗佛」

他是仕途坎坷却淡然处之的隐士,晚年隐居蓝田辋川,尽享山林之乐

中国古代隐士

少而颖悟

王维，字摩诘，生于武则天时期的蒲州（今山西永济），自幼聪颖过人，才华横溢。唐玄宗开元三年（715年），他离家前往京城求仕，凭借其卓越的诗文、书画及音乐才能，迅速成为京城王公贵族的瞩目焦点。开元五年（717年），王维在长安与洛阳间游历，并创作了《九月九日忆山东兄弟》等诗作。经过不懈努力，他于开元九年（721年）考中进士，担任太乐丞，负责朝廷的音乐、舞蹈教习。因属下伶人私自表演专供皇帝享用的黄狮子舞，王维受牵连被贬为济州司仓参军，途中写下《宿郑州》等诗。

泉石旧梦

半官半隐

开元十四年（726年），王维结束了济州司仓参军的生涯，踏上了新的生活道路。两年后，他选择在风景如画的淇水之畔隐居，那里碧波荡漾，绿树成荫，为他提供了一片远离尘嚣的净土。在淇上隐居的日子里，王维创作了《淇上田园即事》等诗篇，描绘了那片宁静田园的美好，表达了他对自然

王 维

之美的热爱和对简单生活的向往。

开元十七年（729年），王维的精神追求进一步深化，他开始师从大荐福寺的道光禅师，潜心学习顿教佛法。这段时期的他，内心更加平和，对生命有了更深的体悟。他常常与禅师探讨佛法，领悟人生的真谛。同时，他与好友孟浩然的关系也愈发深厚。当孟浩然决定返回襄阳时，两人依依惜别，孟浩然留下了《留别王侍御维》一诗，表达了对王维的深厚情谊和离别的不舍。

时光流转至开元十九年（731年）左右，命运给王维带来了沉重的打击——他的妻子离世了。这突如其来的变故让他悲痛欲绝，此后，他再未续弦，而是选择将深情厚意寄托于山水与诗画之间，用艺术来抚慰内心的创伤。

几年后的开元二十二年（734年），王维在长安过着闲云野鹤般的日子。他时常独自漫步于山水之间，寻找灵感和内心的平静。秋日里，他带着自己的诗作《上张令公》等前往洛阳，希望能够得到张九龄的赏识和引荐。然而，仕途并非他所想象的那样简单，他最终还是选择隐居于嵩山，享受着山林间的清幽与自在。在嵩山隐居期间，他创作了《归嵩山作》等诗篇，表达了对山林生活的向往和对世事的淡然。

直至开元二十三年（735年），朝廷的召唤再次打破了王维的隐居生活。他被任命为右拾遗，不得不离开嵩山，前往东都洛阳赴任。虽然身居官场，但王维的内心始终向往着那片宁静的山林。他常常在公务之余，独自漫步于洛阳的山水之间，寻找那份久违的宁静和自在。他的诗作《送元二使安西》等便是在这一时期创作的，表达了他对友人的深情厚谊和对离别的感慨。

辋川别业

在王维四十四岁步入中年之时，隐居的他为了给一心追求清幽修行的母亲提供一个理想的静养之所，特意在蓝田县精心构筑了一座山居——辋川别业。这不仅仅是一座居所，更是王维倾注心血打造的一片山水相依的世外桃源，成了他心灵栖息的诗意天地。据唐代冯贽在《云仙杂记》中的记载，王维的辋川别业占地广阔，与周围的山林相融，展现出一种超脱尘世的宁静。他对居住环境有着极高的要求，容不得半点尘埃。因此，庄园中专门负责清扫的童仆就多达十数人，他们每日忙碌于清扫，甚至还需要两个童子专门负责扎制扫帚，以满足清洁之需。即便如此，有时仍感供不应求，足见庄园规模之宏大，以及王维对"洁净"二字近乎苛刻的追求。在这样的环境中，王维得以沉浸于自然之美，将生活的每一个细节都融入了诗意的韵味之中。

战乱被俘

天宝十五年（756年），王维仍身居给事中之职。然而安禄山叛军势如破竹，攻陷潼关，随后长驱直入长安。玄宗皇帝惊慌失措，仓皇逃往四川避难。王维不幸被叛军俘虏，他机智地服下药物，佯装病重，企图以此避开叛军的纠缠。他的诗名早已传遍四海，安禄山岂会轻易放过他？于是，王维被强行带往洛阳，囚禁在菩提寺内，并被迫担任了给事中的伪职。

到了至德二年（757年）九十月间，唐军终于收复了长安和洛阳。王维与其他被俘的官员一同被押解回长安，等待他们的将是严苛的律法审判。按照律例，他们本应处死，但王维在被俘期间曾写下《凝碧池》一诗，表达了对国家沦丧的悲痛和对朝廷的深深思念。加之其弟刑部侍郎王缙在平叛中立下赫赫战功，主动请求削籍为兄赎罪。最终，王维得以幸免于难，被降为太子中允。

乾元元年（758年），王维虽被责授太子中允，但才华依旧得到赏识，加封为集贤殿学士，后又迁升为太子中庶子、中书舍人。但命运似乎并未完全眷顾这位才子，上元元年（760年）夏日，王维转任尚书右丞，这是他仕

王 维

途中的巅峰之作,也是他最后的官职。

转眼间,唐肃宗上元二年(761年)春天来临。王维深感仕途之累,决定放手一切,上呈《责躬荐弟表》,恳请朝廷削去他所有官职,让他得以回归田园生活,同时让弟弟王缙能够重返京师。五月,他恭敬地呈上谢恩状,感谢朝廷的宽容与理解。七月,王维安然离世。临终之际,他仍不忘向亲友书写告别之词,表达完心中的牵挂与不舍后,他便静静地离开了这个世界。

维摩诘诗佛

王维在少年时候就在长安闻名遐迩了,但是他的大部分时间却都是在隐居中度过的,王维的诸多作品中,《山居秋暝》无疑是他隐逸情怀的最佳写照:

空山新雨后,天气晚来秋。

明月松间照,清泉石上流。

竹喧归浣女,莲动下渔舟。

随意春芳歇,王孙自可留。

这首诗以清新淡雅的笔触,描绘了一幅雨后初晴的秋日山居图。空山、新雨、明月、清泉,这些自然元素在王维的笔下被赋予了生命,它们不仅仅是景物,更是诗人内心世界的写照。王维通过这首诗,表达了自己对隐逸生活的向往和对自然的热爱,展现了他超脱世俗、追求心灵自由的一面。

另一首《鹿柴》则更加直接地体现了王维的隐士情怀:

空山不见人,但闻人语响。

返景入深林,复照青苔上。

这首诗以极简的笔触,描绘了一个静谧的深林景象。空山之中,虽然不见人影,但偶尔传来的人语声,却更加凸显了山林的幽静。夕阳的余晖透过密林,照在青苔上,形成了一幅宁静而神秘的画面。王维通过这首诗,表达了自己对隐逸生活的热爱和对自然的敬畏之情。

王维的隐逸生活并非逃避现实,而是一种超脱世俗、追求心灵自由的生活方式。他用自己的诗歌和画作,将自然之美与人文情怀完美地融合在一起,展现了一种独特的艺术魅力。在他的笔下,山水田园不仅仅是景物,更是他心灵的栖息地,是他追求精神自由的象征。

王维的一生,就像他笔下的山水田园一样,清新脱俗、宁静致远。他用自己的诗歌和画作,为后世留下了宝贵的文化遗产,也为我们提供了一种追求心灵自由、与自然和谐共处的生活方式。在王维的世界里,隐逸不仅仅是一种生活方式,更是一种人生态度,一种对美好境界的追求。

德昭古今

维工草隶,善画,名盛于开元、天宝间,豪英贵人虚左以迎,宁、薛诸王待若师友。画思入神,至山水平远,云势石色,绘工以为天机所到,学者不及也。

——宋祁等《新唐书》

【译】王维擅长草书和隶书,同时也精于绘画,他的名声在开元、天宝年间非常盛大。那些豪杰英豪和达官贵人都虚位以待,以礼相迎他。宁王、

王 维

薛王等诸王都对他待以师友之礼。他的绘画构思精妙入神,尤其是画山水远景,云彩的态势、石头的色彩,画工们都认为这是他天赋所至,是其他学者所无法企及的。

观其思致高远,初未见于丹青,时时诗篇中已自有画意。由是知维之画,出于天性,不必以画拘,盖生而知之者。

——宋徽宗《宣和画谱》

【译】他的思想情趣高远深邃,这种意境在绘画中起初并未显现出来,但常常在他的诗篇中已经蕴含了画意。由此可以知道,王维的绘画出自他的天性,并不受绘画技法的束缚,他似乎是生来就懂得绘画的。

摩诘以淳古淡泊之音,写山林闲适之趣,如辋川诸诗,真一片水墨不着色画。及其铺张国家之盛,如"九天阊阖开宫殿,万国衣冠拜冕旒""云里帝城双凤阙,雨中春树万人家",又何其伟丽也。

——王鏊《震泽长语》

【译】王维以淳朴古雅、淡泊宁静的笔调,描绘出山林间的闲适情趣,就像他的辋川诸诗,真如同一幅幅水墨淋漓、不着色彩的画卷。而当他铺陈描绘国家的繁荣昌盛时,如"九天阊阖开宫殿,万国衣冠拜冕旒""云里帝城双凤阙,雨中春树万人家"这样的诗句,又是何等的宏伟壮丽啊!

弃官隐逸，烟波钓徒

——张志和

他是道教的信徒，追求长生不老

他是唐代的隐逸诗人，以渔歌寄情山水，超然物外

他是画中的高士，乘舟泛波，留下传世佳作

中国古代隐士

少而颖悟

张志和，字子同，号玄真子，又号烟波钓徒，唐代婺州金华（今浙江金华）人。唐玄宗开元二十年（732年）正月初一，他在京城长安的行馆中诞生，因其母娠前梦见神仙献灵龟吞服，故取名为龟龄，寓意长寿与吉祥。幼年时，张志和便展现出了过人的聪慧与才智，三岁便能阅读书籍，六岁即能撰写文章，且有过目成诵之能。

开元二十七年（739年），年仅七岁的张志和随父亲游历翰林院。其间，翰林院的宋学士以《锦林文集》相戏，试图考校这位年幼的才子。张志和不仅轻松应对，更将文集内容过目成诵。唐玄宗闻讯后，亲自出题试考，张志和对答如流，才思敏捷，令玄宗大为赞赏，当即赐其在翰林院优养，以示嘉奖。

随着年岁的增长，张志和的才华愈发显露。天宝六年（747年），年仅16岁的他因在道术方面展现出的非凡技艺，受到了太子李亨的赏识。李亨不仅对他颇为器重，还特地增补他为京兆户籍，使他有机会游历太学，进一步深造与拓宽视野。

张志和

泉石旧梦

平步青云

天宝十年（751年），张志和正值弱冠之年，从太学顺利结业。太子李亨对他尤为看重，亲自为他赐名"志和"，并取字"子同"。凭借其出众的才智与能力，张志和被提拔为左金吾卫录事参军事，留在翰林以备后用，同时供奉东宫，享受八品（上）的待遇。他的职责包括受理诸曹及五府、外府的事务，审核账目，分发纸笔等物资。

次年，即天宝十一年（752年），张志和获准回家省亲。在此期间，他并未闲着，而是积极协助地方官吏，运用自己的智慧和勇气，成功铲除了当地的奸邪与盗贼，其功绩之显著，使得人们纷纷称赞他为"神张"。

到了天宝十二年（753年），张志和被外调至杭州，候补杭州刺史一职。在任期间，他果断出手，除去了横行乡里的土豪恶霸李保，为百姓除了一害。好景不长，天宝十四年（755年），安禄山起兵反唐，迅速攻陷了洛阳。在这动荡不安的时刻，张志和毅然选择跟随太子李亨，转战于灵武一带。他凭借出色的军事才能，被擢升为朔方招讨使，为平定叛乱立下了汗马功劳。

天宝十五年至德元年（756年），唐玄宗逃往蜀地避难，而太子李亨则在灵武即位，是为肃宗。张志和与舅父李泌一同为肃宗出谋划策，他们征调回纥兵，巧妙运用"三地禁四将"，在河上成功击败了安禄山的军队，取得了平定安史之乱的关键性胜利。

因此，张志和被擢升为左金吾卫大将军，享受正三品的待遇，其声望与地位达到了前所未有的高度。

身退归隐

至德二年（757年），张志和从外官被提拔至内官，他恭敬地护送太上皇返回西京，并因此被封为吏部金紫光禄大夫，享受着正三品的尊贵待遇。然而肃宗为了迅速收复京师并稳固政权，不得不答应了回纥提出的苛刻条件。张志和力劝肃宗三思而后行，却因此触怒了龙颜，被贬为南浦尉。同年，他的父亲张游朝也离世，这对张志和来说无疑是雪上加霜。

次年，至德三年乾元元年（758年），张志和以母亲去世为由，向朝廷请辞，远离了官场的纷扰。虽然离开了官场，但肃宗并未完全忘记他的才华与贡献。为了笼络人心，肃宗不仅赦免了他的罪行，还赐给他奴仆和财物，并追赠他的母亲为秦国贤德夫人，以示恩宠。张志和带着这些恩赐回到老家，将母亲安葬在祁门赤山镇西五里外的润田。他亲自背土筑坟，又在墓旁搭建了一间小屋，种下了成片的柏树。每天清晨和傍晚，他都会来到墓前祭拜。

到了上元二年（761年）。张志和在润田守孝已满三年，但是命运似乎并未打算放过他。他的妻子程氏也在这一年离世，这让他对仕途彻底失去了兴趣。

为了躲避肃宗的寻访和官场的纷扰，他带着渔童和樵青两位仆人，告别了亲朋好友，踏上了游历之路。他们先游黄山、绩溪等地，领略了大自然的壮丽风光。最终，张志和来到了湖州城西西塞山，决定在这里隐居。他自称为烟波钓徒,每天与渔舟为伴,与山水为友。

在这里,他灵感迸发,写下了那首脍炙人口的诗句:"西塞山前白鹭飞,桃花流水鳜鱼肥。"

宝应元年(762年),张志和在湖州西塞山隐居的第二年,他结识了隐居苕溪的茶圣陆羽和隐居杼山的诗僧皎然。他们志同道合,经常一起品茶论诗,畅谈人生。

张志和画像

在这段时间里,张志和开始撰写《玄真子》这部著作,将自己的思想和感悟融入其中。

转眼间又到了广德二年(764年),张志和在湖州已经隐居了四年。《玄真子》的撰写也接近尾声,他将自己的笔名从烟波钓徒改为了玄真子,以此作为自己新的身份和象征。

醉逝烟尘

广德三年,也是永泰元年(765年),张志和在湖州的隐居生活已进入了第五个年头。这一年,他的家中遭遇了前所未有的变故。原本宁静的赤山镇被朝廷选中,改为了县治,他的祖基被占用,这对他而言无疑是一次沉重的打击。更让他心痛的是,家中的李夫人也在这个时候离世,加上之前弃官的经历，张志和的心境变得愈发消沉，他的人生观和世界观也随之发生了变化。

张志和的兄长张松龄知道弟弟的性情，担心他从此浪迹天涯，再也不回家。于是，他在会稽东郡山阴县为张志和筑起了一间茅斋，并写下《渔父词》来劝说他回家。张志和被兄长的深情打动，他提笔写下了《平原留题》一诗，随后便离开了湖州，前往会稽东郭，开始了新的陆地隐居生活。

大历二年（767年），张志和在会稽东郭的隐居生活已步入第三年。这期间，他全身心投入易学研究，着手撰写《大易》这一鸿篇巨制，并创作了《太寥歌》来表达自己对宇宙和人生的独到见解。

经过两年多的不懈努力，至大历四年（769年），张志和终于完成了《大易》的撰述，这部共十五卷、涵盖三百六十五卦的著作，凝聚了他对易学的深刻理解和独特见地。

但是命运并未让这位才华横溢的隐士安享晚年。大历九年（774年）的冬天，十二月的一个寒冷日子，张志和在湖州东平望驿的莺脰湖畔，因酒醉而不慎溺水，年仅四十二岁便离开了这个世界。

道隐玄真

在会稽的幽谷深处，张志和悠然自得地编织着他那超脱凡尘的思想之网。他的《大易》十五卷，宛如一幅精妙绝伦的宇宙图谱，每一卦、每一爻都细腻地勾勒出天地间的奥秘与人生的哲理，那是他无数次仰望星空、沉思冥想后的智慧结晶。他写的《渔歌子·西塞山前白鹭飞》就是他隐逸生活的真实写照：

> 西塞山前白鹭飞，桃花流水鳜鱼肥。
> 青箬笠，绿蓑衣，斜风细雨不须归。

在这简短的词句中，张志和以其独特的艺术笔触，描绘了一幅宁静致远的渔隐画面。西塞山前，白鹭翩翩飞翔；桃花盛开，流水潺潺，鳜鱼肥美。他头戴青箬笠，身披绿蓑衣，在斜风细雨中悠然垂钓，仿佛整个世界都与他无关，他只需沉浸在这份宁静与自由之中，无须归家，也无须理会尘世的纷扰。

张志和的隐逸生活，并非简单的逃避或放弃，而是一种更高层次的追求与选择。他选择了与大自然为伍，与易理为伴，用一颗纯净的心去感受生命的真谛，去领悟宇宙的奥秘。

在他的作品中，我们看到了一个真正的隐士所应具备的品质——淡泊名利、超脱物欲、追求内心的平静与自由。

张志和的一生，是对隐逸精神最完美的诠释。他用自己的行动告诉我们，真正的隐逸并非身居山林、远离尘嚣，而是在于内心的宁静与超脱。在喧嚣的尘世中，他找到了自己的归宿，用笔墨书写着对宇宙人生的深刻理解与感悟，为后世留下了一段段不朽的隐逸佳话。

德昭古今

张乃为卷轴,随句赋像,人物、舟船、鸟兽、烟波、风月,皆依其文,曲尽其妙,为世之雅律,深得其态。

——朱景玄《唐朝名画录》

【译】于是制作成卷轴,根据诗句来描绘画面,无论是人物、舟船、鸟兽,还是烟波、风月,都紧紧依照诗句的内容,巧妙地表现出其中的意境,成了世间的雅致典范,深深地捕捉并展现了它们的神韵。

志和性高迈,自为《渔歌》,便画之,甚有逸思。

——张彦远《历代名画记》

【译】张志和性格高洁傲岸,自己创作了《渔歌》,并且将它画出来,非常富有超脱尘俗的意思。

德裕顷在内庭,伏睹宪宗皇帝写真,求访玄真子《渔歌》,叹不能致。余世与玄真子有旧,早闻其名,又感明主赏异爱才,见思如此,每梦想遗迹,今乃获之,如遇良宾。於戏!渔父贤而名隐,鸱夷智而功高,未若玄真隐而名彰,显而无事,不穷不达,其严光之比欤?

——李德裕《玄真子渔歌记》

张志和

【译】之前在皇宫内庭时，曾亲眼看到宪宗皇帝寻求玄真子的《渔歌》画像，感叹无法得到。我家世代与玄真子有些旧缘，我早年就听说过他的名声，又感慨明主（宪宗皇帝）赏识奇才、珍爱人才，如此想念他，我常常在梦中追寻他的遗迹。如今终于获得了，就像遇到了良友嘉宾一样。唉！渔父虽然贤德但名声隐晦，鸱夷子皮（范蠡的别号）虽然智慧高超且功勋卓著，但都不如玄真子隐逸而名声显扬，他既显赫又无事缠身，既不穷困也不显达，这岂不是与严光（东汉隐士）相类似吗？

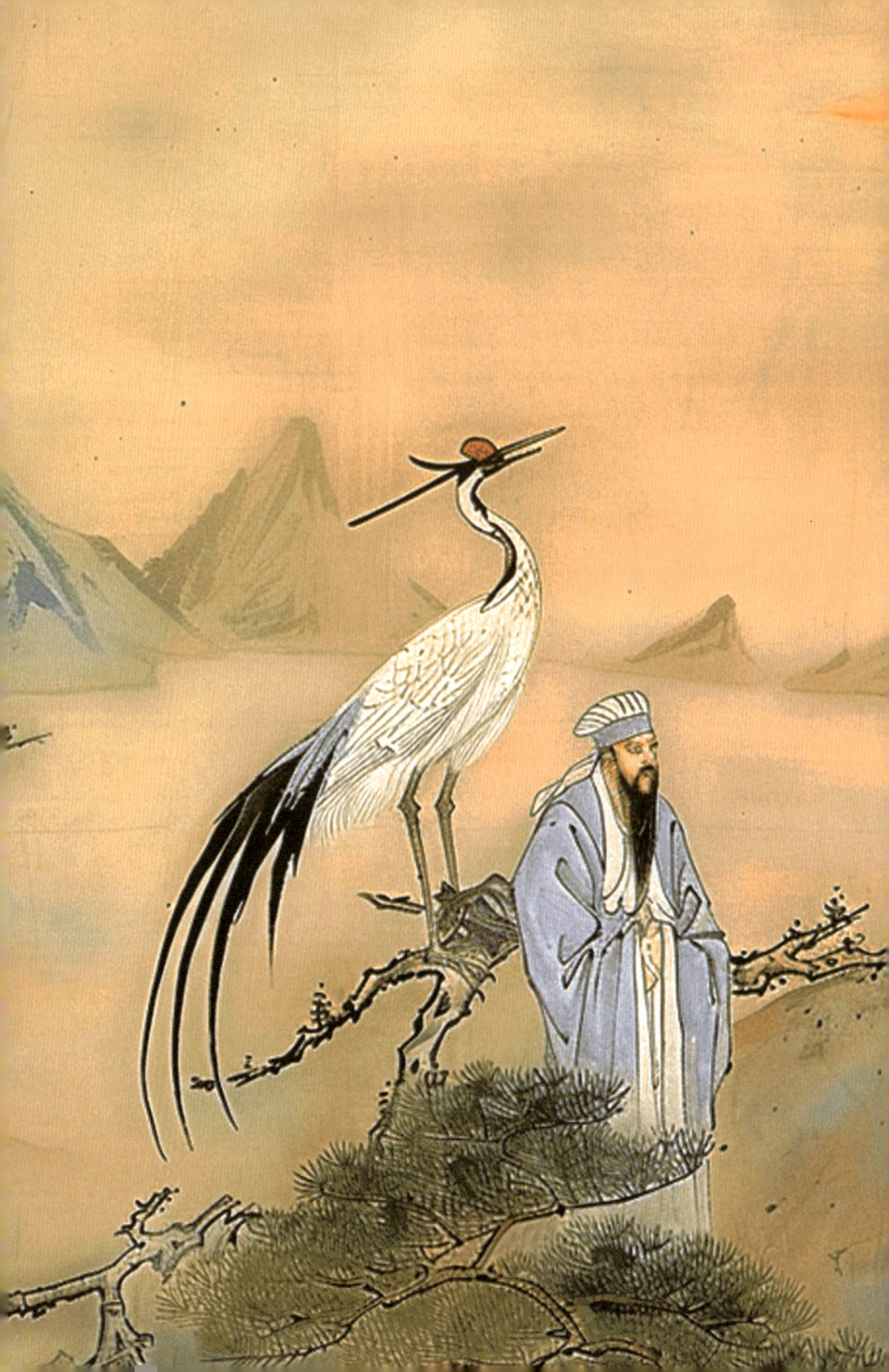

梅妻鹤子,隐逸高士
——林逋

他是宋代的隐逸诗人,以梅为妻,以鹤为子
他是文坛的独行者,不慕名利,淡泊处世
他是山水间笔耕不辍的隐士

中国古代隐士

少而颖悟

　　林逋，字君复，生于北宋初年，杭州钱塘（今浙江杭州）人。自幼便刻苦好学，通晓经史百家，性格孤高自好，喜爱恬淡的生活，不追求荣华利禄。

　　长大后，他曾漫游江淮之间，见识广博。后隐居杭州西湖孤山，结庐而居，常驾小舟遍游西湖诸寺庙，与高僧诗友相互往来，交流甚密。每逢有客来访，叫门童子便纵鹤放飞，林逋见鹤必棹舟归来，以鹤为信使，别有一番风趣。

泉石旧梦

隐居西湖

　　林逋自幼便失去了双亲，但他并未因此沉沦，反而更加勤奋好学。他对古籍充满热爱，日夜钻研，终于精通了经史子集，百家之言。他的性情孤傲高洁，如同山间清泉，偏爱那宁静淡泊的生活，甘愿清贫自守，从不追逐荣华富贵。

　　成年后，林逋踏上了漫游江淮的旅程，他走遍了山川大地，见证了世间

林 逋

的繁华与沧桑，但他的心却始终向往着那片宁静的天地。四十余岁时，他终于找到了自己的归宿，在杭州西湖边的孤山，他亲手搭建起一座茅庐，以湖光山色为伴，过上了与世无争的隐居生活。

在孤山的日子里，林逋常常划着小舟，穿梭于西湖周边的寺庙之间。他与那些德行高尚的僧人结下了深厚的友谊，常常与他们探讨佛理，吟诗作对。同时，他也结识了许多志同道合的诗友，他们一起赏花观月，吟咏风月，留下了许多脍炙人口的佳作。

林逋画像

时任丞相的王随和杭州郡守薛映，对林逋的人品和才华都极为敬重。他们时常前往孤山，与林逋吟诗作对，共赏湖光山色。为了表达对林逋的敬意，他们还出资为他重建了宅邸，让他的隐居生活更加舒适惬意。

此外，林逋还与文坛名士范仲淹、梅尧臣等人有着密切的往来。他们常常通过诗歌传递情谊，共同探讨文学之道。林逋的诗歌清新淡雅，意境深远，深受他们的喜爱和推崇。

闻名遐迩

大中祥符五年（公元1012年），宋真宗听闻了林逋的名声，特地赐给他粮食和布帛，并下诏告知府县要对他加以关照。林逋对此深感感激，但他并没有因此而骄傲自满。许多人见他才华横溢，都纷纷劝他出仕为官，但林逋总是婉言谢绝。他说："我的志向并不在于家庭，也不在于功名富贵，只觉得青山绿水与我性情相投。"林逋一生都没有出仕，也没有娶妻生子，他唯独喜爱种植梅花和饲养仙鹤，自称"以梅为妻，以鹤为子"，人们也因此称他为"梅妻鹤子"。

随着年岁的增长，林逋在茅庐旁边为自己修建了坟墓，并作诗一首："湖上青山对结庐，坟前修竹亦萧疏。茂陵他日求遗稿，犹喜曾无封禅书。"他作诗随手而就，随即丢弃，从不刻意留存。有人问他为何不将诗作记录下来留给后世，林逋回答说："我正隐居在山林之中，不想因诗名而显赫一时，更何况是后世呢？"然而，有心人却偷偷将他的诗作记录下来，最终有300多首得以传世。

天圣六年（公元1028年），林逋逝世，享年六十一岁。他的侄子林彰（朝散大夫）和林彬（盈州令）一同来到杭州，为他办理了丧事，一切礼仪都按照规矩进行。杭州州官将此事上报朝廷，宋仁宗听闻后深感惋惜，特赐谥号"和靖先生"。林逋被安葬在他孤山的故庐旁边，那片他深爱的青山绿水之间，永远地与他的梅妻鹤子相伴。

林逋

暗香疏影

林逋的一生以孤高自好的性格，践行着隐士的清风傲骨。他不慕荣华，不恋功名，只愿与青山绿水为伴，以梅为妻，以鹤为子，过着淡泊宁静的生活。他的诗作，正如他的人生，清新脱俗，意境深远。

那首脍炙人口的《山园小梅》便是最好的证明：

> 众芳摇落独暄妍，占尽风情向小园。
> 疏影横斜水清浅，暗香浮动月黄昏。
> 霜禽欲下先偷眼，粉蝶如知合断魂。
> 幸有微吟可相狎，不须檀板共金樽。

在这首诗中，林逋以梅自喻，展现了梅花在严冬中独自绽放的坚韧与高洁，那疏影横斜、暗香浮动的景象，恰如他隐士生涯的写照，既孤傲又清雅。

林逋的诗，如他的人，不事雕琢，自然流露。他以一种超脱世俗的眼光，观察着世界，用简洁而富有深意的语言，描绘出心中那份宁静与淡泊。他的隐逸生活，不是逃避，而是一种对内心真实追求的坚守，是对名利场外那份纯粹与美好的向往。

在林逋的诗行间，仿佛能看到一位老者，悠然自得于孤山之巅，梅影鹤鸣，诗酒相伴，他的生命，如同一首未完的诗，永远地留在了那片他深爱的山水之间，成了后世心中永恒的"和靖先生"，他的诗，也如同那疏影横斜的梅枝，暗香浮动，历久弥新。

中国古代隐士

德昭古今

"疏影横斜水清浅,暗香浮动月黄昏",评诗者谓:前世咏梅者多矣,未有此句也。又其临终为句云"茂陵他日求遗稿,犹喜曾无封禅书",尤为人称诵。自逋之卒,湖山寂寥,未有继者。

——欧阳修《归田录》

【译】"稀疏的梅枝斜斜地映照在水面上,清浅的水中倒映出梅枝的倩影;淡淡的梅花香气在黄昏的月光下飘浮",评诗的人说,前世咏叹梅花的诗句虽然很多,但从来没有过像这样美妙的句子。还有他临终时写下的一句诗"倘若将来在茂陵寻找我的遗稿,值得庆幸的是其中并没有封禅的奏书",这句话尤其被人们传颂。自从林逋去世后,西湖的山水间便显得寂寥空旷,再也没有能够继承他诗风的人了。

君复书法又自高胜绝人,予每见之,方病不药而愈,方饥不食而饱。

——陆游

【译】林君复的书法又是高超绝伦,超越常人。我每次看到他的书法,就像生病的人不用吃药就痊愈了,饥饿的人不用吃饭就吃饱了。

盖闻地有高人,品格与山川并重;亭遗古迹,梅花与姓氏俱香。

——张岱《补孤山种梅叙》

林　逋

　　【译】据说世间有品德高尚之人，他们的品格与山川一样令人敬重；亭子留下了古人的遗迹，梅花与（林逋）先贤的姓氏一同流芳百世。

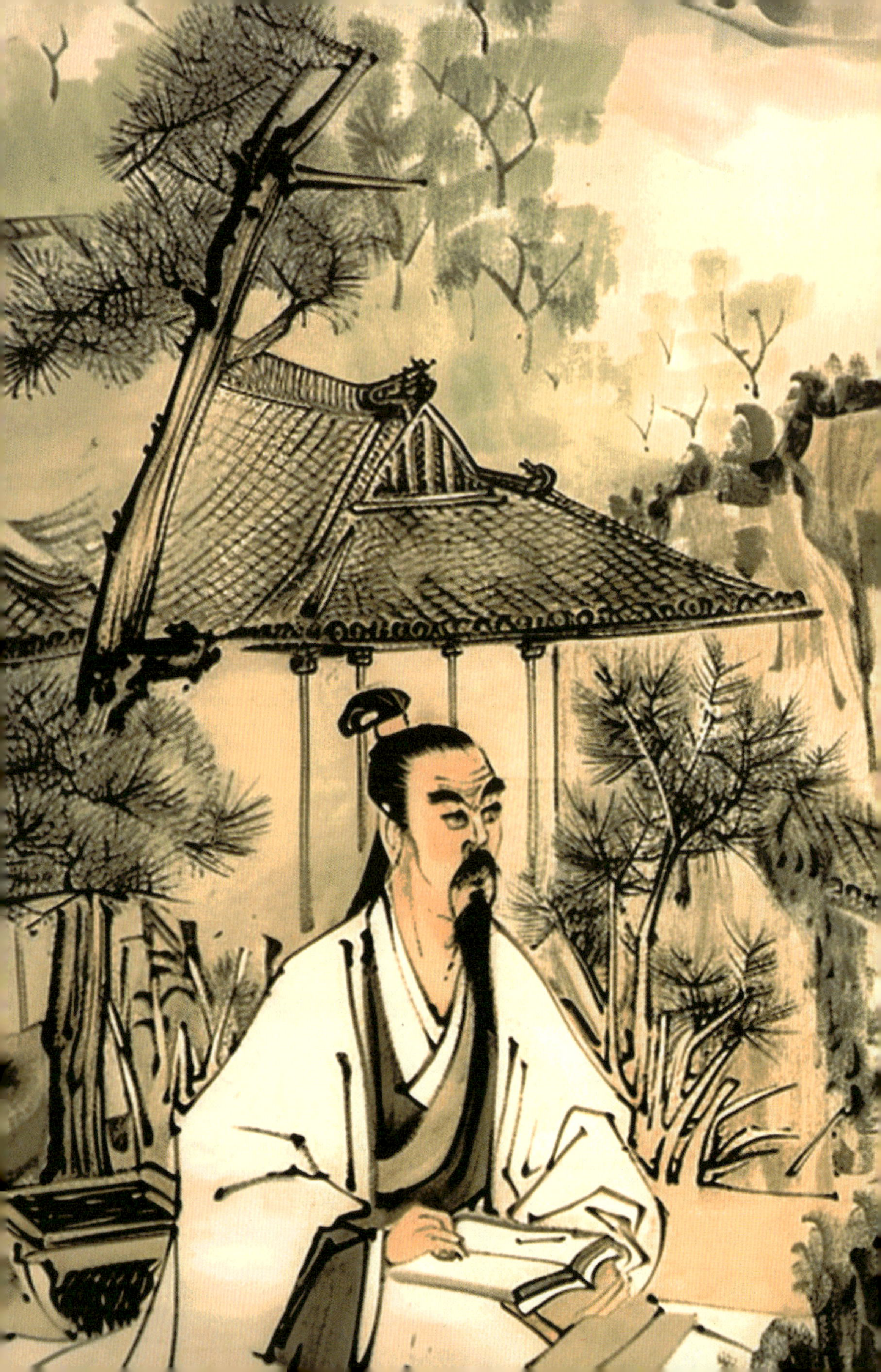

隐而不仕，学易悟道 ——邵雍

他是宋代理学的先驱，以深邃的智慧洞察天地万物

他是象数之学的大家，用独特的数理演绎世间变化

他是淡泊名利的隐士，于山林间寻得心灵之宁静

少而颖悟

邵雍，生于宋真宗大中祥符四年（1011年），自幼才智出众，心怀壮志，渴望求取功名。他酷爱读书，几乎无书不读，求学之路对自己要求极为严格，刻苦异常。为锤炼坚韧不拔的意志力，他甚至冬日不燃炉火取暖，夏日不摇扇纳凉，夜以继日地苦读，如此坚持数年。在苦读之中，他深感仅读书本难以尽知古人之道，叹道："昔人尚友于古，而吾独未及四方。"意即前人不仅研读古籍，更亲身游历古人所至之地，以深化理解。于是他踏上游历之路，越过黄河、汾河，徒步穿越江淮、汉江平原，实地考察了西周分封国齐、鲁、宋、郑的遗址。经过长时间的游历，邵雍眼界大开，学识更进，归来时感慨万千："道在是矣！"

泉石旧梦

学易悟道

共城县的县令叫李之才，听闻了邵雍勤奋好学的名声，心中好奇，便亲自前往拜访。一见邵雍，李之才便开门见山地问："你可曾听说过探究宇宙万物发展规律的'物理'之学，以及关乎人性命运的深奥学问？"邵雍闻言，谦逊地回应："正渴望得到您的指教。"于是，邵雍拜李之才为师，开始研习《河图》《洛书》以及伏羲所传的八卦六十四卦图像。

这些学问源远流长，蕴含着无尽的奥秘。邵雍在探索的过程中，仿佛有神明相助，总能妙悟其中深意，他的知识如同汪洋大海，博大精深，其中很多都是他独自悟道所得。随着对经典的深入研读，邵雍的德行也日益彰显，为世人所称颂。

同时邵雍的智慧也在日益增长。他洞察了天地运行的规律，阴阳消长的奥秘，世道变迁的轨迹。无论是微小的走兽飞禽，还是草本木本植物，它们的特性都逃不过邵雍的眼睛。他的智慧高深莫测，被世人视为已达不惑之境。

邵雍并未止步于模仿前人，他的学说乃是独自悟道所得，有着独特的见解。他从伏羲八卦中领悟到先天之理，遂挥毫泼墨，写下数十万言的著作，但之后他选择隐居山林，因此他的学问虽流传于世，却鲜为人知。

邵雍画像

移居洛阳

皇祐元年（1049年），邵雍从共城县前往洛阳居住。初至洛阳，他的居所简陋至极，门扉仅以棚草编就，难以抵御风雨的侵袭。生活虽清苦，邵雍却以打柴为生，亲手烹饪以侍奉双亲，脸上总是洋溢着怡然自得的神情，这份超脱世俗的快乐，让周围人感到难以理解。

彼时，前宰相富弼、司马光及诗词名家吕公著等均已退隐洛阳，他们对邵雍的学识与人品深感敬佩，常伴其左右，共游山水。感念邵雍之不易，他们合力在洛阳天宫寺西、天津桥南为他购置了一处带有园地的宅邸。嘉祐七年（1062年），邵雍欣然迁居于此，自耕自种，过上了自给自足的田园生活，并将新宅命名为"安乐窝"，自号"安乐先生"。

日复一日，邵雍的生活充满了韵律。白日里，他常焚香静坐，申时则小酌三四杯，微醺即止，兴之所至，便吟诗自咏，乐在其中。春秋农闲时，他会乘着一辆小车，由人拉着，随意穿梭于城乡之间，探访名胜。风雨之日，则安然居家。洛阳的士大夫家庭对那辆小车的车轮声异常熟悉，每当听到，便争相出门迎候，无论是孩童、老人，还是仆从、衙役，都满心欢喜地呼喊着："我家先生来了！"从未有人直呼其名，邵雍在他们心中，是备受尊敬的智者。有时，邵雍会在友人家中留宿一晚，留下书信后悄然离去。更有热心之人，仿照"安乐窝"的样式，新建别苑，期待邵雍的光临，并命名为"行窝"，一时传为佳话。

隐而不仕

宋仁宗嘉祐年间，皇帝颁发诏令，广求天下散失的贤才。西京留守王拱辰深知邵雍的才学与人品，便将他推荐给朝廷，邵雍被任命为将作监主簿。不久，朝廷又下诏推举杰出之才，邵雍再被补任为颍州团练推官。不过邵雍对于这些官职却再三推辞，最终在众人的劝说下才勉强接受，但最终还是以生病为由，没有赴任。

后来邵雍晚年患病，病情日益危重。司马光、张载、程颢、程颐等一众知名学者纷纷前来，早晚守候在他身旁，悉心照料。当邵雍即将离世之际，众人在外厅商议他的丧葬事宜，而邵雍竟能清晰听到他们的讨论声。于是，他召来儿子邵伯温，吩咐道："诸位想将我葬在近城之地，但我应归葬于先祖坟地，一切从简，切勿铺张。"

熙宁十年（1077年），邵雍离世，享年六十七岁。宋神宗闻讯后，特追赠他为秘书省著作郎。到了元祐年间，朝廷又赐予他"康节"的谥号，以表彰他一生的高洁与贡献。

康节隐士

邵雍的一生，是对"淡泊名利，追求真我"的最好诠释，因为性格的原因，他的生活态度很是让人觉得有意思。

而在邵雍的诸多作品中，《安乐窝中吟》一诗尤为贴切地展现了他的隐士情怀与生活态度：

安乐窝中职分修，分修之外更何求。

满天下士情能接，遍洛阳园身可游。

行已当行诚尽处，看人莫看力生头。

因思平地春言语，使我尝登百尺楼。

安乐窝中事事无，唯存一卷伏羲书。

倦时就枕不必睡，忺后携筇任所趋。

准备点茶收露水，堤防合药种鱼苏。

苟非先圣开蒙悟，几作人间浅丈夫。

全诗意蕴深远，透露出邵雍在"安乐窝"中的宁静生活与超脱心境。他以一种淡然处之的态度，面对世间的纷扰与变迁，将全部的心神沉浸在吟咏之中，度过悠悠岁月。这种胸怀的淡然，使得他仿佛与天地同寿，与万物共融，达到了物我两忘的境界。邵雍的隐士生活，也不是完全与世隔绝。他常与友人相聚，谈诗论道，享受着精神上的富足。他拒绝官职，不慕荣华，只愿在简朴的生活中寻求心灵的安宁与智慧的启迪。

所以，他的《安乐窝中吟》不仅是对他隐士生活的真实写照，更是他内心世界的深刻剖析。在这首诗中，我们看到了一个超脱世俗、追求真我的邵雍，他用自己的方式，诠释了何为真正的宁静与淡泊。

德昭古今

德气粹然，望之可知其贤。不事表襮，不设防畛，正而不谅，通而不汗，清明洞彻中外。

——程颐《明道文集》

【译】他的品德气质纯粹高雅，一望便知他是个贤德之人。他不刻意炫耀自己，也不设立防备界限，为人正直但不固执，通达事理但不粗疏，内心清明透彻，无论对内对外都一如既往。

程、邵之学固不同，然二程所以推尊康节者至矣。盖信其道而不惑，不

邵 雍

杂异端，班如温公、横渠之间。

——朱熹《明道文集》

【译】程颐、程颢（二程）的学问固然与邵雍（康节先生）不同，但二程对康节先生的推崇却是至极的。这是因为他们坚信康节先生的学说而不疑惑，不掺杂异端思想，与司马光（温公）、张载（横渠）等人一样，都是对康节先生极为敬重和推崇的。

雍高明英迈，迥出千古，而坦夷浑厚，不见圭角，是以清而不激，和而不流，人与交久，益尊信之。河南程颢初侍其父识雍，论议终日，退而叹曰："尧夫，内圣外王之学也。

——脱脱《宋史》

【译】邵雍（尧夫）聪明睿智，超凡脱俗，远远超越千古之人，而且他为人坦荡平和，浑厚质朴，不露锋芒。因此，他的品行既清高又不偏激，既和顺又不随波逐流。人们与他交往久了，就越发尊敬并信任他。河南的程颢当初陪同他的父亲去认识邵雍，两人整天谈论学问，程颢回来后赞叹说："邵尧夫先生所掌握的，是内修圣人之德、外施王者之治的学问啊。"

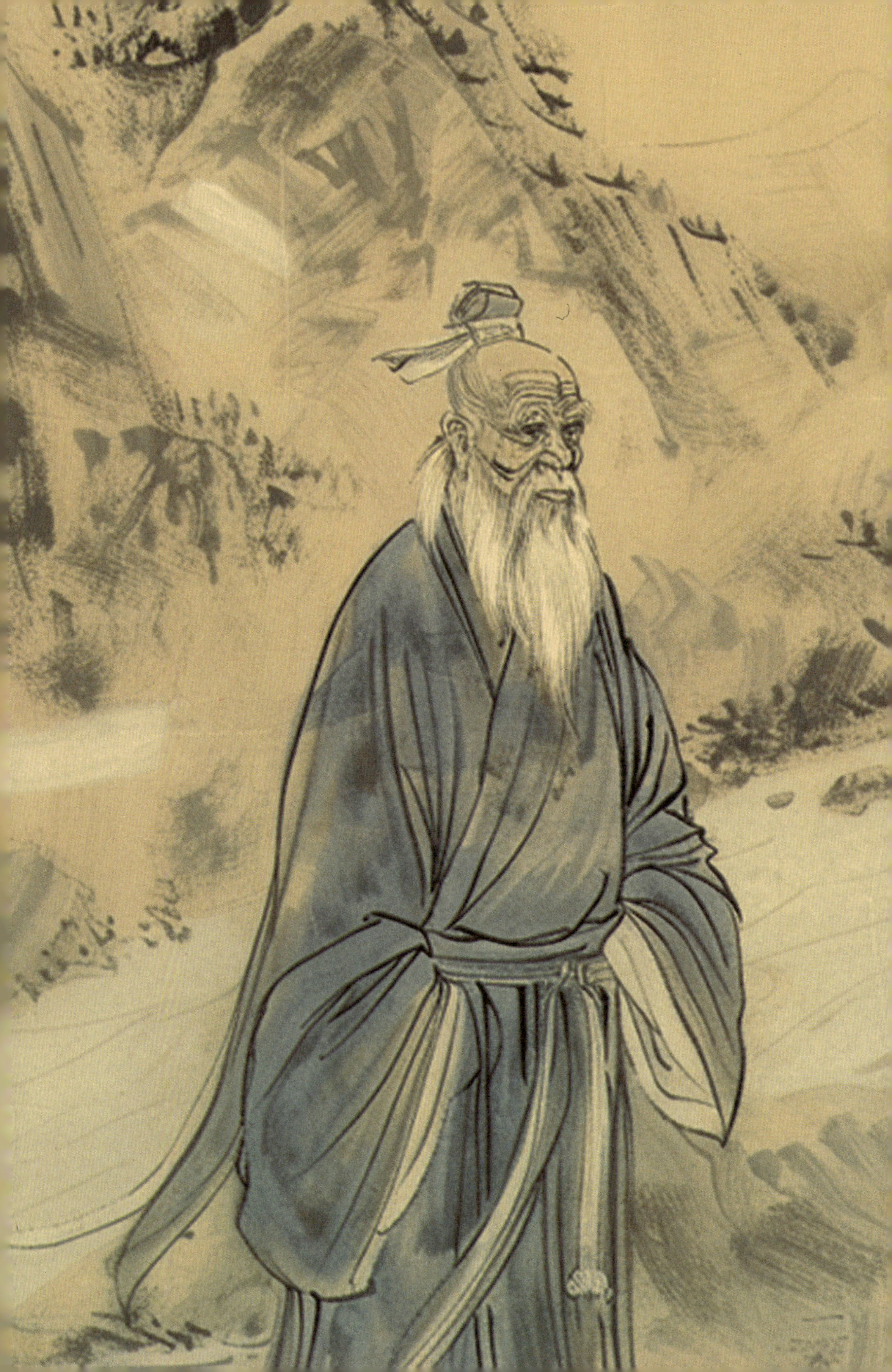

画隐江湖，富春山居

——黄公望

他是元代画坛的巨匠，笔墨间流淌着山川的灵韵

他是隐逸文化的传承者，以画为媒，抒发着对自然的热爱与向往

他是『元四家』之首，作品被后世誉为『神品』，影响深远

少而颖悟

黄公望,生于南宋度宗咸淳五年(1269年)农历八月十五日,出生地为平江府常熟(今江苏常熟)县城内的子游巷。他自幼遭遇不幸,父母双亡,家庭贫困。十岁左右时,黄公望被寓居在虞山小山头的永嘉州(今浙江温州)平阳县(今属浙江)的黄氏家庭收养,从此改姓黄,取名公望,字子久。

黄公望早年曾入仕途,担任过一些小官职,但官场的尔虞我诈、钩心斗角让他心生厌倦。在一次官场风波中,他因被诬陷而遭贬谪,从此对仕途彻底失望,转而投身于书画艺术之中。

泉石旧梦

出仕成吏

元世祖至元三十一年(1294年),黄公望的人生轨迹发生了转折。这一年,他被新任浙西廉访使徐琰慧眼识珠,辟为书吏,担任"浙西宪吏"一职。岁末时分,他随徐琰迁往杭州,并在此结识了张闾。但是好景不长,一

黄公望

次因身着道士服汇报工作的小插曲，却成了他辞官而去的导火索。徐琰的责怪让他心生退意，于是黄公望毅然辞去了书吏之职。

此后的岁月里，黄公望在杭州为了寻求仕途，频繁出入于权豪名士的宅邸之间。在这段时期，他有幸近距离地观赏了赵孟頫的画艺，并得到了其亲自指点。他曾在诗中回忆起这段经历："当年亲见公挥洒，松雪斋中小学生。"这段经历不仅让他的画技有了长足的进步，

黄公望画像

更让他结识了众多名流雅士，其中既有高克恭、阎复等权贵，也有倪文光、张雨等道门名士。他与倪文光因同在徐琰幕下为吏而交往甚密。

至大四年（1311年），黄公望的仕途再次迎来转机。张闾升任江浙行省平章，府驻杭州，他念及旧情，提携黄公望并再次"辟为书吏"。次年，黄公望随张闾返京，在御史台下属的察院担任掾吏。这是他一生中唯一一次离开江南，踏入元朝最高权力中心大都。

仕途的坦途并未持续太久。延祐二年（1315年），张闾以中书省平章政事之衔返江浙行省推行"经理田粮"之法，黄公望再次随行。但是当年张闾却因"贪刻用事"引发民乱，被元仁宗遣人聆讯治罪。黄公望作为张闾的下属，也未能幸免于难，被牵连入狱。

富春隐居

黄公望出狱之后，拜金月岩为师，加入了全真派，与张三丰、莫月鼎、冷谦等道友建立了深厚的友谊。他们一同隐居在常熟小山头，即今日的虞山西麓，那里成了他们修炼身心、探讨道法的秘境。黄公望还曾主持过万寿宫和开元宫，他的道行和威望在道友中逐渐树立起来。

不过黄公望并未完全沉浸在道教的修行之中，他仍然保持着对世俗生活的关注。为了维持生计，他开始在松江、杭州等地以卖卜为生，穿梭于市井之间，体验着人间的冷暖与百态。

在延祐五年至至顺元年这十余年间，黄公望的活动范围主要集中在松江、苏州、常熟一带。他常常独自漫步于山林之间，观察着江河山川的变幻莫测。虞山的朝暮景色、松江的旖旎风光，都成了他笔下山水画的灵感源泉。他时常在山中静坐，沉浸在对自然的感悟之中，有时甚至废寝忘食，只为捕捉那一抹稍纵即逝的美景。

《富春山居图》局部

至元四年（1267年），黄公望在杭州筲箕泉结庐隐居，他的行踪变得更加飘忽不定。虞山、苏州、无锡、荆溪、吴兴、松江等地都留下了他的足迹。他时而与道友相聚论道，时而独自游历山水，享受着隐逸生活的自在与

黄公望

惬意。后来,他的儿子黄德宏找到了他,父子俩在筲箕泉重逢后,黄公望决定回到富春江畔,那里将成为他晚年的归宿。

至正七年(1347年),黄公望终于在富春江畔定居下来。他随身携带皮囊,内置画具,随时准备捕捉山中的美景。每当他遇到令人心动的景色时,便会立刻取出画具,将眼前的美景定格在画布之上。在富春江畔的日子里,他结交了许多禅师,其中无用师成了他的挚友。两人经常结伴出游,共赏山水之美。

有一次,从松江回到富春山居后,无用师向黄公望提出了一个请求,希望他能为自己创作一幅长卷。黄公望欣然答应,并决定用三年的时间来绘制这部历史巨作——《富春山居图》。他时而挥毫泼墨,时而精雕细琢,将富春江畔的山水美景一一呈现在画布之上。然而,由于各种原因,这幅画的创作过程时断时续,直到至正十年他为此图作题时,仍未完全竣稿。但即便如此,《富春山居图》仍然成了黄公望水墨山水画中的杰作,它的知名度与《清明上河图》齐名,被后人誉为中国最早的一部禅宗山水画。后来,这幅画因故被烧成两段,前半卷被另行装裱为《剩山图》,后半卷则以无用师的名字命名为《无用师卷》,两部作品现在分别藏于浙江省博物馆和中国台北故宫博物院。

富春画师

在富春江的悠悠水畔,黄公望静静地描绘着心中的山水。他的《富春山居图》,不仅是对自然之美的极致颂歌,更是他隐逸生活的真实写照。这幅画,如同他的人生一般,淡然而又深邃,简约中蕴含无限。

"峰峦浑厚，草木华滋。山川浑雄，气势磅礴。"这是《富春山居图》给人的第一印象。画中，山峰连绵起伏，云雾缭绕其间，仿佛仙境一般；江水滔滔，波光粼粼，映照着两岸的青山绿树。黄公望以笔墨为舟，载着我们穿越时空，领略那千年前的山水之美。

但是这不仅仅是一幅画，更是黄公望心灵的寄托。他笔下的山水，不仅仅是对自然的客观再现，更是他内心世界的真实流露。在画中，我们可以看到他对自然的敬畏与热爱，对人生的淡泊与超脱。他以画笔为媒介，与山川对话，与天地共鸣，将自己的情感融入每一笔、每一墨之中。

黄公望的隐逸生活，正如他所绘制的《富春山居图》一般，充满了诗意与哲思。他选择了远离尘嚣，与山水为伴，以画笔为友。在富春江畔的日日夜夜，他静心感悟着自然的韵律与生命的真谛。他的画，他的诗，他的生活，都成了他对这个世界最深刻的诠释。

《富春山居图》不仅是黄公望艺术生涯的巅峰之作，更是他隐逸生活的精神象征。在这幅画中，我们看到了一个真正的隐士——他热爱自然，敬畏生命；他淡泊名利，超脱世俗；他以画笔为剑，以山水为伴，书写着自己独特的人生篇章。

德昭古今

公之学问，不在人下，天下之事，无所不知，薄技小艺亦不弃。善丹青，长词，落笔即成，人皆师事之。

——钟嗣成《录鬼簿》

黄公望

【译】他的学问,并不比别人差,天下的事情,他无所不知,即便是微小的技艺也不轻易放弃。他擅长绘画,也长于作词,下笔就能写成,人们都尊他为师长。

富春人,天资孤高,少有大志。试吏弗遂,归隐西湖筲箕泉。博书史,尤通音律图纬之学。诗工晚唐,画独追关仝。其据梧隐几,若忘身世,盖游方之外,非世士所能知也。

——杨维桢

【译】他是富春人,天性孤傲清高,年少时就怀有远大的志向。尝试做官却未能如愿,于是归隐到西湖边的筲箕泉。他博览群书,尤其精通音律、图谶纬书之学。他的诗歌风格接近晚唐,绘画则独独追慕关仝(五代后梁画家,擅绘山水)。他常常倚着梧桐树,伏在几案上,仿佛忘却了身世,他游离于世俗之外,不是世间的俗士所能理解的。

荆关复生亦退避,独有北苑董、营丘李,放出头地差可耳。

——郑元佑《侨吴集》

【译】即使荆浩(五代后梁画家)、关仝再生,也要退避三舍,只有北苑的董源(五代南唐画家)和营丘的李成(五代至北宋初年的画家),他们的画作还算得上出类拔萃,可以一提。

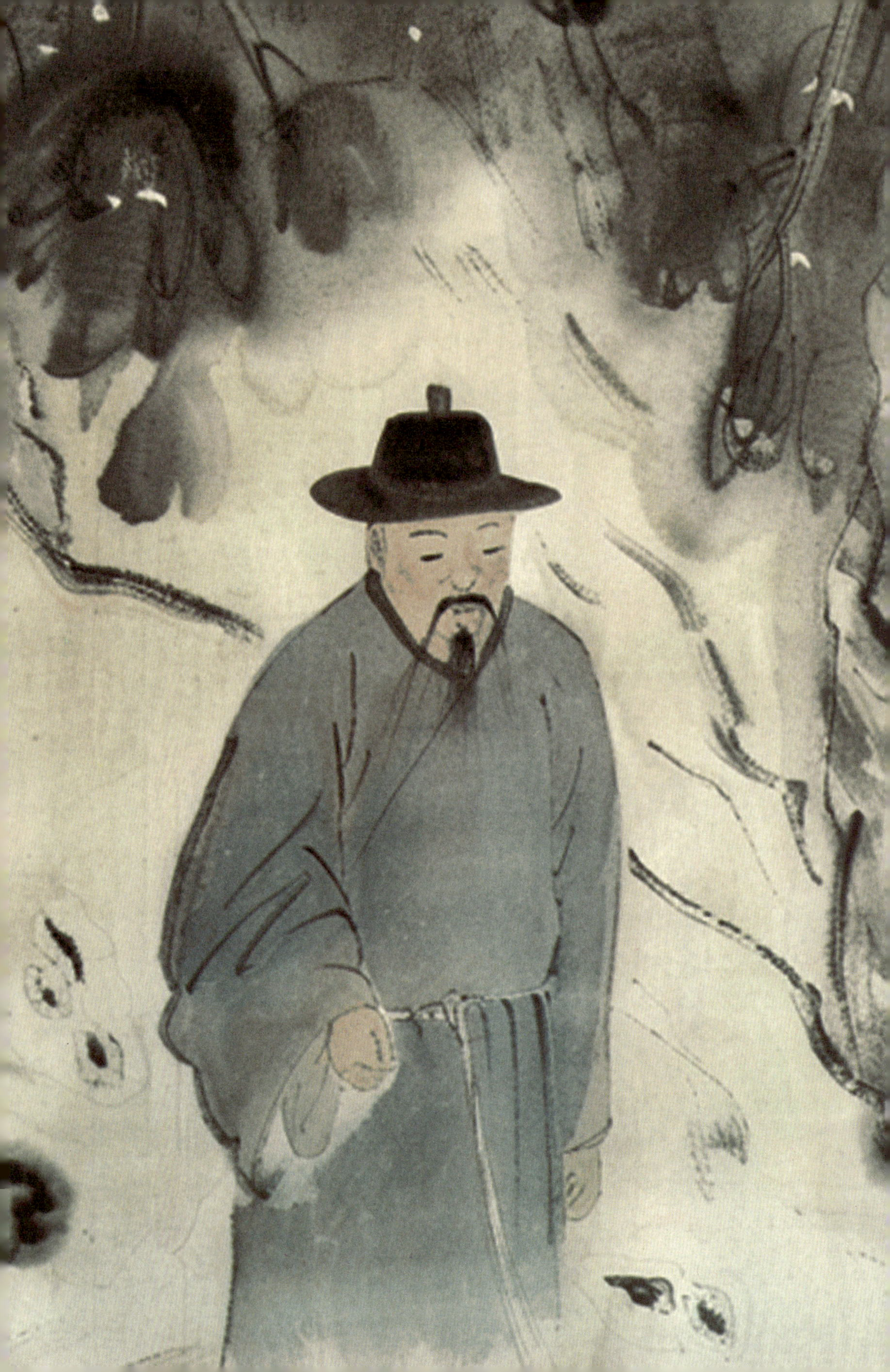

江南四才，画坛隐者——文徵明

他是明代的书画大家，一生沉醉于笔墨之间，以艺术为伴

他是吴门画派的佼佼者，画作中透露出文人的雅致

他是仕途边缘的隐者，虽身在红尘，心却向往山林

少而颖悟

文徵明,原名壁,字徵明,后以字行,更字徵仲,号衡山居士,长洲(今江苏苏州)人。生于明宪宗成化六年(1470年),苏州府长洲县(今苏州市)德庆桥西北曹家巷的一户官宦人家。

四岁那年,文徵明随母亲前往父亲文林任职的温州永嘉县,不久后又返回苏州。成化十二年,母亲祁氏去世,文徵明被抚养于外祖母家。令人称奇的是,他直至八岁仍不会说话,一度被人误认为是白痴,但父亲文林对他寄予厚望,坚信他大器晚成。十一岁时,文徵明终于开口说话,随后进入外塾读书。之后,他随父亲先后赴博平、京城、南京等地,其间,与唐寅、都穆结为挚友,开始学诗切磋画法。

成化二十二年,文徵明又随父亲前往滁州,并跟随父亲同僚吕㦂继续学诗。弘治元年,文徵明参加乡试,虽考中长洲县生员,但因字写得难看被置为三等,未能应试成功,从此他更加精研书法,刻意临学。

泉石旧梦

屡次不第

在弘治年间,文徵明与徐祯卿等友人频繁交往,一同游历山水。他创作了咏叹文天祥的诗作,并为其画像。随父亲文林调任温州时,他准备科举考试却未能中举。不久,父亲因积劳成疾去世,文徵明遵循父训简办丧事,谢绝了吏民的丧礼。之后的几年里,他不断为友人的收藏题诗作画,如为沈润卿的《郑所南画兰》题诗,画《风木图》寄托对父亲的哀思。

正德初年,文徵明与唐寅、徐祯卿等游虎丘,绘《虎丘千顷云图》。他多次参加应天乡试,却屡试不第。其间,他参与修撰《姑苏志》,并以寸楷书写后序。为兄长文奎调和麻烦事,又应沈周之邀钩抚名帖。他还为王闻画《存菊图》,与众多文人雅士合集《垂虹别意卷》。

沈周去世后,文徵明作诗哭悼,并撰行状、请王鏊撰墓志铭。他拒绝俞谏的帮助,以笔墨为生计。宁王朱宸濠使者前来聘请,文徵明以病为由婉拒,展现出远见卓识。他多次重筑停云馆,与友人相聚研究道德文章,游观山水。在正德年间的多次乡试中,他始终未能中举,但依旧坚持创作,为友人题跋作画,如为朱承爵所藏苏轼父子帖题跋,画《古木奇峰图》等。他的生活充满了艺术与文人的交往,留下了许多珍贵的作品与故事。

短暂入仕

嘉靖元年（1522年）八月，文徵明第九次踏上应天乡试的考场，他再次落榜。同年，明世宗重新起用了已致仕的副都御史林俊，任命他为刑部尚书。林俊途经苏州时，特意邀请文徵明到他的船上相见。两人早年曾有过交集，且时常书信往来，此番叙谈，林俊对文徵明的才华更加赏识，于是修书一封给工部尚书李充嗣，推荐文徵明入朝为官。

嘉靖二年春天，得益于李充嗣的举荐，文徵明以贡生的身份踏上进京之路。二月二十四日，他告别家乡，历经近两个月的跋涉，终于在四月十九日抵达京师。经过吏部的考核，他被授予翰林院待诏的职位，参与编纂《武宗实录》和《宪皇帝实录》，并担任皇帝侍讲。但这并未让他感到满足，他内心并不喜欢这份工作，于是连续多次申请辞职，希望回归故里。

嘉靖三年，朝廷因"大礼议"之争，廷杖大臣，文徵明因跌伤左臂未入朝而幸免于难。三月，他的老友王鏊去世，他满怀悲痛地为其撰写了传记。

嘉靖四年，当时社会崇尚科举功名，文徵明却因此遭遇同僚的排挤。同僚中的北方人经常向他索画，他多番拒绝，于是流言四起，称他应在西殿当供奉，不应留在翰林院。文徵明听后心中不悦，上疏请求辞官回家。不过奏疏却被吏部扣下，未能上报。

此外，文徵明的父亲还在世时，在温州任知府时曾结识张璁。张璁得势后，示意文徵明依附于他，但文徵明坚决拒绝。后来，杨一清奉召入朝辅政，见到文徵明时提及与

文徵明画像

其父的友情，文徵明却严肃回应，称父亲从未提及过杨一清，让杨一清不觉脸红。杨一清与张璁合谋，力图将文徵明调走。在此情境下，文徵明更加频繁地申请辞职。嘉靖五年十月十日，他终于获得朝廷同意，离开京城。

游乐山水

嘉靖六年春，潞河解冻，文徵明与好友黄佐乘船南归，回到家中后，他亲手建造了玉磬山房，并在庭院中栽下两株梧桐，自此以文墨为伴，不问世事。接下来的几年里，他的生活充满了艺术与创作。

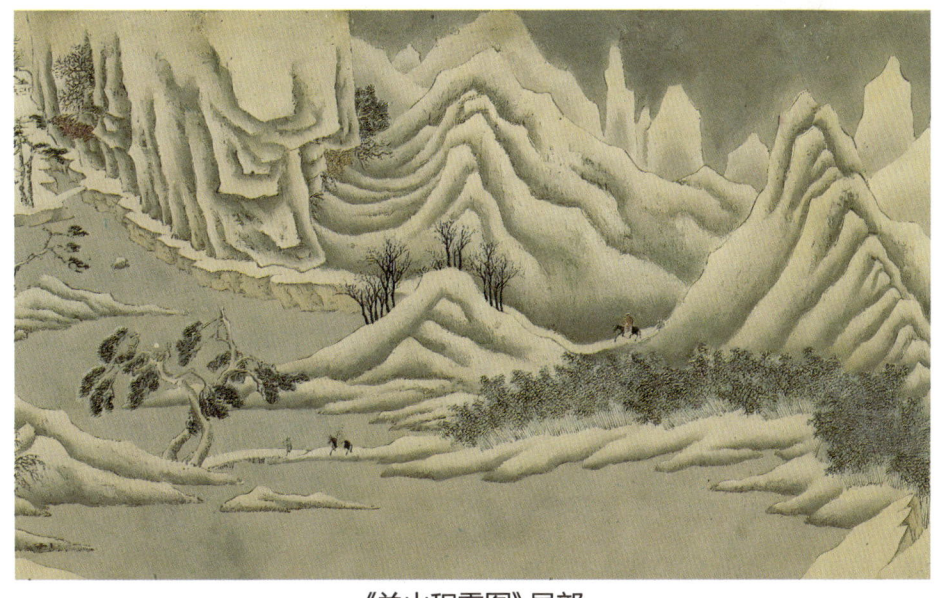

《关山积雪图》局部

嘉靖七年，他在王穀祥画的桃花小幅上临摹了赵孟頫的小隶《桃花赋》，又为王献臣的拙政园绘制了图景并题跋。那年冬天，他与王宠在楞伽寺寓居，大雪纷飞中，他乘兴创作了《关山积雪图》，这幅画耗费了他五年的时间。

嘉靖八年，文徵明与常州知府张大轮同游宜兴张公洞，还为白悦作了

《洛原草堂图》。到了嘉靖十年,他与汤珍、王宠游竹堂寺,为寺僧性空画了水墨写意十二段。同年秋,华夏带着书画来到苏州,文徵明为多幅名家书画作了题跋,并创作了一系列画作。

之后几年的隐居中,文徵明也同样用书法创作了很多我们熟知的作品,例如他用小楷写下的《兰亭序》《桃花源记》以及《前赤壁赋》这些都是书法上优秀的作品。

山间隐儒

文徵明擅长以他的笔墨与性情,绘就淡泊名利的生动画卷。所以他的作品中,不仅流淌着对自然之美的无限热爱,更蕴含着一份超脱的隐逸情怀。

《桃源洞小景》便是这样一幅作品。画中,桃花盛开,溪水潺潺,重峦叠嶂,仿佛一处人间仙境。文徵明以细腻的笔触,勾勒出了这片世外桃源的宁静与祥和。画旁,他题写了另一位晋代的隐士陶渊明写的《桃花源记》的片段:"晋太元中,武陵人捕鱼为业。缘溪行,忘路之远近。忽逢桃花林,夹岸数百步,中无杂树,芳草鲜美,落英缤纷……"文字与画作相得益彰,共同构建了一个远离尘嚣、令人向往的理想世界。

文徵明的性格中,有着一种淡泊名利、不慕荣华的坚韧与洒脱。他多次拒绝朝廷的征召,甘愿在家乡以文墨自娱,与山川草木为伴。这种隐逸情怀,在他的另一幅作品《关山积雪图》中得到了淋漓尽致的展现。画面上,白雪皑皑,关山巍峨,一片银装素裹的景象。那苍茫的雪山,那蜿蜒的山路,都在诉说着隐者行路的艰辛与孤独,却也透露出一种超然的宁静与自由。

文徵明

在他的笔下，无论是山水、花鸟，还是人物、草木，都充满了生命的律动与情感的流淌。他用笔墨诠释着自己对世界的理解，用画作表达着自己对人生的感悟。他的书画，不仅是他艺术才华的展现，更是他隐逸生活的写照，是他心灵的寄托与归宿。

文徵明用他的笔墨与性情，为我们留下了一幅幅珍贵的艺术作品。他的画作，不仅是对自然之美的赞美，更是对隐逸生活的向往与追求。

德昭古今

至本朝文徵仲先生始极意结构，疏密匀称，位置适宜。如八面观音，色相具足。于书苑中亦盖代之一人也。

——谢在杭《五杂俎》

【译】到了本朝（明朝），文徵仲先生才开始在绘画上极尽构思布局之能事，画面的疏密分布匀称，物象的位置安排得恰到好处。就像八面观音，形象和神态都十分完备。在书画界中，他也是一位盖世无双的人物。

其为人和而介。

——张廷玉《明史》

【译】他的为人既和善又耿直。

吴中自吴宽、王鏊以文章领袖馆阁，一时名士沈周、祝允明辈与并驰骋，文风极盛。徵明及蔡羽、黄省曾、袁褒、皇甫冲兄弟稍后出。而徵明主风雅数十年。

——张廷玉《明史》

【译】在吴中地区，自从吴宽、王鏊以文章成为馆阁中的领袖以来，一时之间，名士如沈周、祝允明等人都与他们并驾齐驱，文风极为兴盛。文徵明以及蔡羽、黄省曾、袁褒、皇甫冲兄弟等人稍后一些时候也崭露头角。而文徵明更是主导风雅文坛数十年之久。